ẞsuppe

n Butterschmalz, 1/2 l Rindsuppe, 1 Lauch-
ika, Salz, 1 EL Mehl, 1/8 l Sauerrahm

auch in dünne Scheiben schneiden und in
oder feinnudelig geschnittenen Kürbis dazu-
Paprika, mit 1 EL Mehl stauben, mit 1/2 l
chkochen (ca. 10 Minuten), dann mit einem
den Sauerrahm einrühren und nocheinmal mit
d mit Pfeffer abschmecken.
rnöl auf die Oberfläche tröpfeln und geröste-

, dünsten, einige Würfel vor dem Passieren
t alles gleich wie oben.

STRALLHOFER-HÖDL
KERNÖLKÖNIGIN UND KÜRBISLOTTER

HEIDELORE STRALLHOFER-HÖDL

KERNÖLKÖNIGIN UND KÜRBISLOTTER

EINKAUFS- UND REISEFÜHRER ZU DEN KERNÖLMÜHLEN UND -BAUERN DER STEIERMARK

UNIKUM VERLAG

Abkürzungen:
g. g. A. = geschützte geographische Angabe
Bio Ernte Austria = Ernte für das Leben, Landesverband Steiermark

Bildquellenverzeichnis:
Das Titelbild und das Rückseitenbild: Steirische Tourismus GmbH
• unter dem Bild: Steirische Tourismus GmbH
•• unter dem Bild: M. Begsteiger KEG
••• unter dem Bild: Rudolf Grewin
Alle anderen Farbbilder stammen von der Autorin oder wurden von den Betrieben beigestellt.

Herzlichen Dank Frau Marianne Leitner, Herrn Herwig Millonig und Herrn Mag. Christian Konrad für ihre Geduld und Unterstützung.

Dieses Buch wurde mit freundlicher Unterstützung von COMPAQ Computer geschrieben.

ISBN 3-901284-19-2

Eigentümer, Herausgeber und Verleger:
Unikum Verlag, Dipl.-Ing. Heidelore Strallhofer-Hödl, A-8010 Graz, Schubertstraße 24, Tel. u. Fax 0316/33 71 12

INHALTSVERZEICHNIS

EINBEGLEITUNG

„Menschenschicksale und wie man das Leben lachend meistert" – so dachte ich manchmal bei meinen Recherchen müßte der Titel des Buches sein. Bewundernswert, wie die bäuerliche Bevölkerung immer wieder Neues sucht und auf dem Weg der Direktvermarktung erfolgreich ist.
Warum dieses Buch, woher stammt die Idee?
Durch Lesen von Kürbisliteratur und eigenes Kürbissetzen reifte der Entschluß, ein Buch über die Kernölmühlen und Kürbisbauern in Form eines Einkaufs- und Reiseführers zu schreiben. Denn oft hört man die Frage „Woher beziehst Du Dein Kernöl?" Es ist im Trend, seinen bestimmten „Kernölbauern" zu haben. Oft wird am Markt gekauft, aber immer öfter kauft man direkt beim Produzenten, verbunden mit einem Familienausflug. Direkt ab Hof zu kaufen oder eine Kernölpresse zu besichtigen ist ein Erlebnis.
Nicht nur der gesundheitliche Wert des Apfelessigs, sondern auch der des Kernöls wird wieder entdeckt. „Kernöl ist ein Saft, der gesund macht" – heißt ein Slogan. Außerdem sollte das „grün-schwarze Gold" unseren Nachbarländern nicht vorenthalten werden. Der steirische Dichter Reinhard P. Gruber schrieb über Schilcher und Kernöl: „Wer den Säften der Steiermark einmal verfallen ist, kommt nie mehr davon los."

Ich bin das beste Beispiel dafür, denn aus Oberösterreich zugereist, fragte man mich anfangs „lichtes oder dunkles Öl"? Ein Jahr lang habe ich helles Öl dieser „Wagenschmiere" vorgezogen. Einer Freundin habe ich es zu verdanken, die mir einen Wurstsalat mit Tomaten und Eiern einfach mit Kernöl vorsetzte und ab dem Zeitpunkt war es um mich geschehen. Aus heutiger Sicht gesehen, tut es mir nur leid, daß mir ein Jahr in meinem Kernölleben fehlt.
Daher eine kleine Auswahl selbst erprobter Rezepte, die zeigen sollen, was man außer Salat mit Kernöl und auch Kürbiskernen und -gemüse alles zubereiten kann.
Ein Kernölwörterbuch, Kernölveranstaltungen und ein Überblick über die Bauernmärkte runden das Ganze ab.

Heidelore Strallhofer-Hödl
September 1999

Feigenblatt

Crookneck

Delicata & Sugarloaf

Krasnodar

Patisson/UFO

Turbankürbis

DIE KÜRBISGESCHICHTE

Die Kürbisse zählen zu den ältesten Gemüsefamilien der Welt und sind altindianische Kulturpflanzen, die mit den spanischen Seefahrern nach Europa kamen. Wissenschafter datieren den *cucurbita pepo* ca. um 10.000 vor Christus. Die Kürbisexperten Reiterer fanden heraus, daß Christoph Kolumbus auf der Insel Kuba den ersten Kürbis der Neuen Welt erblickte. Die Kürbisgeschichte ist verwirrend und oft spekulativ. Interessant sind die Aufzeichnungen aus der Barockzeit, wo zu lesen ist, daß das Kernöl für Speisen viel zu kostbar sei und eher für Salben verwendet werden sollte. Erst zu Beginn des 20. Jahrhunderts entstand eine Sonderzüchtung in der Steiermark, bei der die vier äußersten Zellschichten weder verdickt noch verholzt sind, der schalenlose Ölkürbis – *cucurbita pepo L. convar. pepo var styriaca.*
Die schalenlose Form bietet jede Menge Vorteile beim Pressen sowie bei der Verwertung des Preßrückstandes.
Der Kürbis war lange in Vergessenheit geraten und war in einigen Teilen Österreichs völlig unbekannt. Nun erlebt er eine Renaissance und wird als Delikatesse gehandelt. Wußten Sie, daß es rund 160 Kürbisgewächse gibt? Beim Bartlbauer in Wolfsberg in Kärnten werden diese im Oktober ausgestellt, verkostet und verkauft.
Kaum ein Gemüse hat so eine Vielfalt an Farben und Formen wie der Kürbis. Einige der bekanntesten und geeignetsten Speisekürbisse:

Atlantic Giant – sehr große Früchte (bis über 400 kg)
Baby Bear – rund, orange, rankend
Blue Ballet – wie Hokkaido, aber blaugrau, rankend
Buttercup – dunkelgrün mit eckigen Schultern
Butternuß – birnenförmig, rankend
Chestnut – rund, graugrün, Busch
Crookneck – krummer Hals mit Bauch, gelb, noppige Schale, Busch
Delicata & Sugarloaf (auch Sweet Dumpling) – zylindrisch, helle Schale mit grünen Streifen, rankend
Eichel/Acorn (Table Queen) – eichel-/herzförmig mit Rippen/Kerben, grün, gelb oder weiß, rankend oder Busch
Feigenblatt – oval grün-weiß gemusterte glatte Schale, stark rankend
Gelber Zentner – rankend, groß, rund
Golden Delicious – groß, orange, herzförmig, rankend
Long Island Cheese – hellbrauner, leicht gerippt, rund, braucht weniger Wärme als Butternut, rankend
Honigkürbis – hellblau-grau gerippt aus der Türkei, rankend
Krasnodar – blaugrau, runder Kürbis aus Rußland
Metermoschata – auffallende Form: zylindrisch, bis 1 m lang
Muskatkürbis – tiefgerippt, rund, Farbe dunkelgrün-kupfer, fruchtiges, oranges Fleisch
Olivenkürbis – oval, olivengrün mit hellen Streifen, rankend
Patisson/UFO – schildförmig, weiß, grün oder gelb, knackiges, helles Fleisch, Busch
Spaghettikürbis – zylindrisch, mit heller Schale, weißes oder hellgelbes Fleisch, gekochtes Fleisch zerfällt nudelartig, rankend
Sweet Dumpling – wie Delicata aber rund, schön am Zaun
Turbankürbis/Turktuban – rot-weiß-grün gestreift, mit größerem Oberteil, rankend
Triamble – hellblaugrün, dreilappig mit nußartigem, orangem Fleisch, rankend

Vor einigen Jahren wagte der steirische Ölkürbis als „Schwarz-grünes Gold" in Form von Kernöl den Sprung ins Ursprungsland nach Amerika. Einige steirische Bauern liefern, vorerst für spezielle Feinkostläden und die gehobene Gastronomie in die Neue Welt.
Zuerst von Amerika in die Steiermark und nun „Back to the roots" – welch ein Erfolg für das „Pumpkin Seed Oil". Auch wenn man mit dem Kernöl nicht aufgewachsen ist, kann man süchtig werden, auf den Karamelgeruch und den nußigen Geschmack.

Warten auf das Kernöl – in der Herbersdorfmühle

VON DER PFLANZE BIS ZUM KERNÖL

Die Kerne werden in den ersten Maitagen in Furchenzeilen gesetzt und mit Erde angehäufelt. Manchmal werden die Kerne auch vorgekeimt.

Wegen des vor einigen Jahren aufgetretenen Zucchinigelbmosaikvirus verwenden auch viele gebeizte Kerne. Achtung, keine vom Vorjahr gebeizten Kerne verwenden! Nach ein bis zwei Wochen schauen die zweiblättrigen Pflänzchen aus der Erde und nun beginnt das Hacken. Noch bevor das Netzwerk des Kürbiskrautes und die Blüten kommen, muß nochmals wegen des Unkrautes gehackt oder „geheindelt" werden. Dies geschieht vielerorts noch händisch. Anfang Juli sieht man die gelb leuchtenden Kürbisblüten, die in der Gourmetküche gern gesehen sind. Aber nur die „Dodlblia", Blüten mit mangelnder Potenz, werden verwendet, denn die anderen braucht man zur Pflanzenbestäubung. Die gelbgrünen riesigen „Kürbisplutzer" liegen zwei Monate nach der Blüte, Mitte bis Ende September auf den Feldern. Angeblich ist die Nagelprobe eine Methode, den Erntezeitpunkt festzustellen, wenn der Stil grün ist und man mit dem Fingernagel die Schale leicht ritzen kann. Dann sieht man auf den Feldern meist Frauen beim sogenannten „Auspatzln", dem Herauslösen der Kerne aus dem Fruchtfleisch. Mit einem Hackscheit oder Beil werden die Kürbisse gespalten und aus dem „Kürbispatz" – dem Fruchtfleisch – die Kerne herausgelöst. Der „Patzi" bleibt als Düngung auf den Feldern und verrottet oder wird als Schweinefutter verwendet. Mehrfach werden in den letzten Jahren Erntemaschinen eingesetzt, die pro Tag eine Ernteleistung von ca. 5 Hektar erbringen.

Ölkanne und Ölkrüge

Wissen Sie, wieviel Kerne für 1 Liter Öl benötigt werden? Über den Daumen gepeilt heißt die Formel: 1 l Öl – 2,5 kg Kerne = ca. 30–35 Kürbisse. 1 Kürbis bringt ca. 8 dag trockene Kerne. Eine mühsame Arbeit. Die Kerne werden von den Bauern zu Hause oder in einer Trocknungsanlage getrocknet. In der Ölmühle werden sie oft nochmals getrocknet, zwischen zwei Mühlsteinen gemahlen und geknetet. Hier fängt das Fingerspitzengefühl des „Ölausschlägers" an, denn unter Zugabe von Wasser und etwas Salz wird geknetet und dann in der Röstpfanne geröstet. Geheizt wird meist mit Holz oder Kohle und die richtige Rösttemperatur, maximal 60 Grad, erfordert ebenfalls Erfahrung.

Wenn das Wasser herausgedünstet ist, wird der Kuchen in die Presse gefüllt, meist in einer Seiherpresse, und gepreßt. Auch hier ist eine schonende Pressung gewünscht. In einen Auffangbehälter, meist eine „Ölrein", rinnt das schwarz-grüne Öl, das bei Lichteinfall rotbraun aussieht. Nachdem es sich in Behältern oder Tanks gesetzt hat, wird es ohne Filtration in dunkle Flaschen gefüllt.

„Mandl" und „Weibl" – Ölmühlenmuseum Hartlieb

Ein Vorläufer der heutigen Pressen waren das „Mandl" und das „Weibl", wo durch Zusammenpressen des Kernbreis zwischen den beiden das Öl gewonnen wurde. Der Name „Ölausschläger" für den späteren Ölpresser, stammt aus der Zeit als das Kernöl noch durch Ausschlagen gewonnen wurde. Die sogenannte „Ölkuh" bestand aus einem viereckigen Holzbaum, mit einer liegenden und stehenden Öffnung, mit Keilen, auf die draufgeschlagen wurde. Früher wurde nur einmal gepreßt, meist zwischen Maria Lichtmeß und Ostern, in der Fastenzeit und das Öl wurde in Tonkrügen („irdenen Plutzern") aufgehoben.

Ein wichtiger Punkt ist nach wie vor die Lagerung, sie soll in dunklen Flaschen, lichtgeschützt und kühl erfolgen. Um Verwirrungen bezüglich des Salatöles auszuräumen, ein Auszug aus dem Lebensmittelbuch – Codex B 30:

Kürbiskernöl:
Kürbiskerne, die Samen des gewöhnlichen Feldkürbisses *Cucurbita pepo L.* u.a., liefern, wenn sie geschält und gepreßt werden, ein gelbes Öl. Werden diese Kerne jedoch warm gepreßt, ergibt sich ein dunkel gefärbtes, dichroitisches Öl, das im durchfallenden Licht rotbraun erscheint. Das in Österreich, vor allem in der Steiermark, hergestellte Kürbiskernöl wird überwiegend aus den schalenlos wachsenden Kernen des steirischen Ölkürbisses *(Cucurbita pepo styriaca)* gewonnen. Diese werden vor dem Pressen stets einem Röstvorgang unterzogen. Die Zugabe von Wasser und Salz als Preßhilfe ist statthaft. Je nach der Intensität des Röstvorganges kann es zu einem mehr oder weniger ausgeprägten Röstgeschmack kommen.
Ein aus Kürbiskernöl durch Verschnitt mit anderem Speiseöl hergestelltes Öl wird als „Salatöl" (Speiseöl, Tafelöl) bezeichnet. Der Prozentanteil an Kürbiskernöl wird deklariert. Bei solchen durch Verschnitt von Kürbiskernöl mit anderen Speiseölen hergestellten Ölen, die sich in der dunklen Farbe von reinem Kürbiskernöl nicht unterscheiden, darf durch die Bezeichnung, z.B. „steirisches Salatöl" oder Abbildungen nicht der Eindruck erweckt werden, daß es sich um reines Kürbiskernöl handelt.

Es gibt im Gegensatz zu manchen Behauptungen kein kaltgepreßtes Kernöl, nur ein schonend gepreßtes im Gegensatz zu raffinierten Ölen, die ohne Geschmack sind. 100 % reines steirisches Kürbiskernöl muß immer aus erster Pressung sein (siehe Artikel g.g.A.). Der ausgepreßte Ölkuchen wird als Dünger, aber meist als Tiernahrung im Besonderen für Fische und Pferde verwendet.
Eine Echtheitsprobe des Steirischen Kernöls besteht darin: einen Tropfen auf einen weißen Teller träufeln, Teller schräg halten, wenn das Öl nicht auseinanderläuft, ist es echt.
Noch ein Tip zum Schluß. Verzweifeln Sie nicht bei Kernölflecken. Hängen Sie das Wäschestück einfach in die Sonne und Sie werden ein Wunder erleben: Der Fleck geht weg!
Steirisches Kürbiskernöl stellt in seiner Einzigartigkeit und aufgrund des nunmehr geschützten geografischen Ursprungs ein Identitätsprodukt der Steiermark dar, mit dem steirische Lebenskultur und Landschaft über eine außerordentlich angenehme Weise, nämlich über Genuß und Gesundheit, in Europa vermittelt werden kann. In diesem Sinn erfüllt „Steirisches Kürbiskernöl" die Funktion einer Visitenkarte für die Steiermark, die nachhaltige Wirtschaft und intelligente Landwirtschaft aufzeigt.

GESUNDHEIT UND SCHÖNHEIT DURCH KERNÖLENERGIE

Die Wirkung des Kürbisses auf die Gesundheit ist wiederentdeckt, im Besonderen die der Kürbiskerne und des Kernöls. Schon die Indianer verwendeten bei Schwellungen, Fleischwunden und Entzündungen einen Brei aus Maiskörnern und Kürbisfleisch. Im Mittelalter legte man bei Geschwüren und Geschwülsten rohes Kürbisfleisch auf. In der Volksmedizin der Ost- und Weststeiermark hieß es schon immer „Kürbiskernessen" hilft bei Prostataleiden.
Doch nicht nur bei den Männern, auch bei den Frauen stärken Kürbiskerne die Blase. Nun hat auch die Schulmedizin die Wirkstoffe des Ölkürbisses entdeckt. Eine wissenschaftliche Studie des Urologen Heinz Schilcher hat ergeben, daß Kürbiskerne und Öl eine positive Wirkung bei Blasen- und Prostataleiden haben. „Der medizinisch wirksame Kürbissamen entstammt nur dem ausgereiften steirischen Ölkürbis und enthält laut Schilcher ein derartiges Spektrum von Wirkstoffen, daß er bei Prostata Erweiterungen und bei Reizblase als Arznei wirkt". So schreiben auch die Kürbisforscher Editha und Reinhold Reiterer in ihrem Kürbisbuch.
Auch für die Schönheitspflege werden Kerne und Öl in Form von Cremen, Masken und Bädern eingesetzt. Aus eigener Erfahrung weiß ich, daß beim Kürbisputzen die Hände samtig weich werden und die Kürbismaske hat auch gewirkt.
Das echte Steirische Kürbiskernöl zeichnet sich aus durch seinen nußartigen Geschmack, die ätherischen Öle und Geschmackstoffe und die leichte Verdaulichkeit.
Es ist außerdem reich an Vitaminen, wie A, B 1, B 2, B 6, C, D und E. Vor allem der hohe Anteil an Vitamin E bekämpft und verhindert entzündliche Prozesse im Organismus. Ebenso tragen die Mineralstoffe Calcium, Kalium, Magnesium, Eisen und Phosphor sowie die Spurenelemente Selen und Zink zur Stärkung der Immunkraft bei. Im Kernöl sind über 80 % ungesättigte Fettsäuren wie Linol und Ölsäuren enthalten und kein Cholesterin. Die Hauptwirkstoffe sind das Sitosterin, Phytosterole im Besonderen die Delta-7-Sterole und Phyto-Östrogene.
Im Gegensatz zu pflanzlichen, industriell raffinierten Ölen ist das Steirische Kürbiskernöl ein rein naturbelassenes Öl. Damit alle Inhaltsstoffe wie Vitamine und Fettsäuren unverändert erhalten bleiben, ist die schonende Herstellung ganz wesentlich. Um die Inhaltsstoffe zu erhalten sollte das Kernöl lichtgeschützt und dunkel gelagert werden.

Kürbiskerne und Kernöl wirken entschlackend, senken den Blutdruck, werden bei Erkrankungen von Haut und Schleimhäuten eingesetzt und zur Vorbeugung von Herz-Kreislauferkrankungen und helfen bei Blasen- und Prostatabeschwerden.
Daher vermute ich, daß viele Steirerinnen und Steirer ihre Energie aus dem Kernöl beziehen.

KERNÖL – DER CHAMPAGNER DER STEIERMARK

Regionalmarke „Steirisches Kürbiskernöl g.g.A."

Der Anbau von Kürbissen für die Gewinnung von Kürbiskernöl hat in der Steiermark lange Tradition und bietet für viele landwirtschaftliche Betriebe sowie gewerbliche Ölpressen eine Einkommensmöglichkeit.
Um diese Einkommenspotentiale langfristig sichern bzw. ausbauen zu können, wurde 1995 ein Antrag auf Eintragung einer geschützten Regionalmarke gemäß Artikel 5 VO (EWG) Nr. 208/92 („Steirisches Kürbiskernöl g.g.A.") gestellt. Rund 2000 steirische Kürbisbauern und über 35 Ölmühlen haben sich zusammengeschlossen, um diesen EU-Herkunftsschutz umzusetzen. Damit sind bereits 70 Prozent der marktfähigen heimischen Anbaufläche erfaßt.

Was bedeutet g.g.A.?

Das Kürzel „g.g.A." steht für geschützte geographische Angabe. Nur wenige ausgewählte Spezialitäten in Europa dürfen dieses Kürzel tragen. Bei der strengen EU-Registrierung muß ein genau definierter Herkunftsbezug sowie die geschichtliche Entwicklung dieses Produktes dokumentiert sein.
Daß ein Herkunftsschutz nicht nur für uns in der Steiermark ein Thema ist, zeigen die Bemühungen der Europäischen Union. Massive Informations- und Werbekampagnen für Händler und Verbraucher wurden gestartet, um Regionalprodukte mit Herkunftsschutz zu forcieren.

Lückenlose Nachvollziehbarkeit

Nach 3-jähriger Grundlagenarbeit ist es im November '98 endlich gelungen, den europaweiten Schutz des Steirischen Kürbiskernöles im Sinne der EU-Verordnung auch umzusetzen. Die Erzeugerorganisation „Steirisches Gemüse" hat für die Produktion von Kürbiskernöl mit dieser Herkunftsmarke ein lückenloses Kontrollsystem aufgebaut. Damit ist die Herkunft des Steirischen Kürbiskernöls vom Feld über die Erntemengen bis zum Pressen in den Ölmühlen und der Vermarktung vollständig nachvollziehbar. Gleich wie Champagner, Prosciutto di Parma, Prosciutto di San Daniele oder griechischer Feta-Käse zählt Steirisches Kürbiskernöl g.g.A. zu den am besten kontrollierten Spezialitäten in Europa.

Das Kontrollsystem: Steirisches Kürbiskernöl – geschützte geographische Angabe – steht für:
- gesicherte heimische Herkunft der Kürbiskerne
- Kürbiskernöl in heimischen Ölpressen hergestellt
- 100% reines Kürbiskernöl aus der Erstpressung

Das Kontrollsystem

Um jeglichen Mißbrauch ausschließen zu können, ist ein sehr effizientes Kontrollsystem geschaffen worden. Im Frühjahr müssen alle Betriebe eine Anbaumeldung ausfüllen und eine Kopie der Flächennutzungsliste des Mehrfachantrages beilegen. Die Agrarmarkt Austria ist mit der Flächenüberprüfung bei den Landwirten beauftragt. Im Herbst erfolgt die Meldung der tatsächlichen Erntemenge. Diese Erntemengen werden stichprobenartig überprüft. Aufgrund beider Meldungen (Fläche und Erntemenge) werden dem Landwirt „g.g.A.-Gutscheine in kg-Kernen" ausgehändigt. Diese Gutscheine sind mit einer Kontrollnummer vor Nachahmungen geschützt und beinhalten den Namen des Produzenten. Ölmühlen können nur in Besitz dieses Gutscheines kommen, wenn sie in entsprechender Höhe auch Kürbiskerne von den kontrollierten Landwirten kaufen. Der Gutschein kann entsprechend einem Umrechnungsfaktor Kerne zu Kürbiskernöl gegen die Banderole mit der fortlaufenden Kontrollnummer bei der Erzeugerorganisation Steirisches Gemüse eingelöst werden. Zusätzlich wird auch die Gebindeeinheit mit der Kontrollnummer eingedruckt, um eine absolute Mengengenauigkeit zu haben. Mittels Preßbuch wird der Ort der Pressung dokumentiert. Alle Betriebe müssen beim Ölpressen die gepreßte Menge an Kürbiskernen eintragen und von der heimischen Ölmühle bestätigen lassen.
Die Verbraucher erkennen das europaweit geschützte heimische Kernöl am Zeichen „Steirisches Kürbiskernöl – geschützte geographische Angabe". Jedes Zeichen führt eine individuelle Kontrollnummer, die den Weg der Kürbiskerne vom Feld des Bauern bis hin zum Ladentisch nachvollzieh-

bar macht. Damit haben die Konsumenten die absolute Gewährleistung für die Echtheit des Kürbiskernöls mit einem Blick. Fehlt diese individuelle Kontrollnummer verbunden mit dem Markenzeichen auf der Flasche, so kann nicht unbedingt davon ausgegangen werden, daß auch echtes Steirisches Kürbiskernöl im Sinne der oben angeführten Verordnung drinnen ist. Die Oberaufsicht für diese Kontrollen hat die Lebensmittelbehörde des Landes Steiermark.

Weitere Schritte

Als nächster Schritt wird gerade ein Qualitätssicherungssystem für das Steirische Kürbiskernöl g.g.A. umgesetzt. Durch dieses Herkunfts- und Qualitätssicherungssystem soll unser Steirisches Kürbiskernöl g.g.A. als elitäre Spezialität in Europa und Übersee am Markt positioniert werden.

Ziele des Herkunfts- und Qualitätssicherungssystems

- Den Konsumenten Sicherheit beim Kauf zu geben
- Sicherung eines hohen Qualitätsstandards
- Absicherung des heimischen Kürbisanbaus
- Verhindern, daß ausländische Kürbiskerne zu Steirischem Kürbiskernöl verpreßt werden
- Einheitliches Marketing für Steirisches Kürbiskernöl g.g.A. und Bearbeitung von Exportmärkten
- Bewahrung des positiven Images für Steirisches Kürbiskernöl

Die Wahl des Kürbisbürgermeisters

DER KÜRBISBÜRGERMEISTER UND KERNIGE FESTE

Die Tradition der Kürbisfeste ist noch jung in der Steiermark. In Amerika gibt es solche Feste schon länger. Halloween – „All-hallows-even", wird im amerikanischen Raum am 31. Oktober, dem Abend vor Allerheiligen, festlich begangen. Den ausgehölten Kürbis, mit einer Kerze darin und dem ausgeschnittenen Gesicht sieht man in der Steiermark des öfteren im Herbst – zum Erntedank, von Kindern gebastelte Kürbislaternen zu Martin oder als Werbung für den Kernölverkauf vor manchen Häusern.

Das Kürbisdorf Preding begann vor über zwanzig Jahren mit dem nun jährlich abgehaltenen Kürbisfest im September. Als Besonderheit und vielleicht als Marketing-Strategie findet alle drei Jahre dabei die Wahl des Kürbisbürgermeisters statt. Diese erfolgt auf ganz originelle Weise: Die Kandidaten sitzen rund um einen Tisch, darauf steht ein Schüssel Maisbrei (Türkensterz), darüber hängt an einem Ast ein großer Kürbis. Der Gemeindediener schneidet den Kürbis vom Ast. Mit voller Wucht platscht der Kürbis in den Maisbrei und wer von den Kandidaten die meisten Spritzer abbekommt, ist Kürbisbürgermeister. Jährlich gewählt wird der Jugendkürbisbürgermeister.

In Preding gibt es auch ein Kürbismühlenmuseum, das Auskunft über Geschichte, Anbau, Ernte und Verwertung des Kürbis gibt.

Die Bürgermeister der Weststeiermark haben es in sich, vielleicht liegt es wirklich an der Kernölenergie.

In Rassach ging ein Bürgermeister mit seinem Ort auf die Straße und nun zieht er gar eine „Ölspur".

Zwischen Stainz und Deutschlandsberg gelegen fuhr man früher durch das Dorf Rassach einfach durch. Als erste Initiative fielen die üppigst blumengeschmückten und restaurierten weststeirischen Bauernhäuser auf. Die Schilder an den Häusern, die Produkte vor die Türe gestellt, luden zum Ab-Hof-Verkauf ein und man blieb stehen. 28 Bauern sind mittlerweile als Direktvermarkter tätig und das Hauptaugenmerk gilt Kürbis und Kernöl. Bürgermeister Becwar, selbst Miteigentümer einer Mühle und Fachmann in Sachen Kernöl, meint: „Für unsere Landschaft hat sich durch den Kürbis eine neue Perspektive eröffnet." Verkosten, Genießen, Zusammensitzen ist seine Devise. So stand auch der Rassacher Sonntag im Juni unter dem Motto „DazuKERN" und „EinKERN". Jede Menge Veranstaltungen

finden im Herbst in Rassach statt, wie Mitte September das „Kerndl'n-Zählen", für das auch zehn der 28 Direktvermarkter Tür und Tor öffnen.
„Kürbispatzln" ist ebenfalls geplant und diese ausgelösten Kerne sollen Ende September beim Erstpreßfest zu Kernöl verarbeitet werden. Ein wichtiger Fixpunkt ist die alljährliche Kernöltagung Ende November. Das Neueste ist die „Ölspur", die sich durch die Gemeinden Deutschlandsberg, Preding, Rassach, St. Martin/Sulm, Stainz und Wies zieht. Eine Reihe von kulturellen und kulinarischen Ereignissen rund um den Kürbis und das Kernöl finden auf das Jahr verteilt statt. Eine Marketing-Überlegung, die gezündet hat und ausgeweitet werden sollte.

Kürbisbürgermeister, Kernölkönigin und Jugendkürbisbürgermeister

LÜGEN UND WEISHEITEN – VON DER KERNÖLKÖNIGIN ZUM KÜRBISLOTTER

Beim Kürbissetzen muß man wie gedruckt lügen, ist eine alte Volksweisheit, damit die Aussaat besonders gut gelingt und die Ernte große Kürbisse bringt. In den ersten Maitagen sollte man also in den Kürbisgegenden besonders vorsichtig sein, wenn man auf Äckern säende Bauern etwas fragt. Viele Legenden ranken sich um die Kürbisse.
So wie die Geschichte mit dem Kirchturm von St. Martin, von dem die Leute erzählen, daß man fleißig Kürbiskerne setzen soll, um das Kirchenschiff mit Hilfe von vielen Kürbissen wieder zum freistehenden Kirchturm von St. Martin hinrollen zu können. Eine Bäurin sagte mir, daß die Kerne nicht zuviel mit Erde bedeckt werden dürfen, damit sie das Läuten der Betglocke hören können. Eine andere Volksmeinung ist, daß die Frauen beim Setzen möglichst breitbeinig über den Acker gehen sollen, damit die „Kürbisplutzer" groß und prall werden. Eine Tatsache aber sind die Kürbisgesichter, in der Steiermark Kürbislotter genannt, die im Spätherbst beleuchtet vor manchen Höfen zu sehen sind. Auch Strohpuppen mit Kürbisköpfen werden auf die Felder oder eher als Anreiz für Kunden und Gäste vor das Haus gestellt.
Doch eine – von mir ernannte – Kernölkönigin, kennen viele nicht. Man kommt in die große Küche – Marktplatz für alle, die Oma geht durch, eine Tochter holt sich zum Essen, die andere hat eine Frage. Fünf Kinder hat sie großgezogen. Frau Antonia, selbst von einem Bauernhof, strahlt Ruhe aus, die Arbeit scheint ihr Spaß zu machen – hier auf dem Gaberlhof, der durch seinen Blumenschmuck besticht. Ihr Gemüse- und Blumengarten birgt alles, was sie so braucht, auch für das Auge und die Seele.
„Wer aufhört, daran zu arbeiten besser zu werden, hört auf, gut zu sein." Also besuchte sie Kurse und wurde, wie sie selbst meint, hineingeworfen in ein Kürbis- und Kernölprojekt, das sie jetzt durchziehen will. Ihr Logo ist zwar „Kürbis-König", aber für mich ist sie die Kernölkönigin. Sie ist stellvertretend für alle Frauen, die ihre Kreativität trotz harter Arbeit am Bauernhof nie verloren haben und Einsatz für Kürbis und Kernöl leisten.

30 km

KÜRBISWÖRTERBUCH

Ausbatzln, Auspatzln:
Herauslösen der Kerne aus der Frucht

Ausschlagen:
Historische Art der Ölgewinnung

Kürbislotter:
Ausgehölter Kürbis, mit geschnitztem Gesicht, fallweise im Inneren eine brennende Kerze – als Laterne

Ölfrüchte:
In der Steiermark Rips, Raps, Kürbis, Mohn, Haselnuß, Walnuß, Hanf oder Lein, Distel, Sonnenblumen, Weintraubenkerne

Ölkuchen:
Preßrückstand. Heute kommt der Ölsterz nach der Röstung in einen Stahlzylinder, in Abständen von jeweils 4–8 cm werden Stahlplatten daraufgelegt und mit einem Druck von 300–350 bar ausgepreßt. Der Ölkuchen findet als Rohmaterial in Konditoreien Verwendung, oder er wird als Tierfutter genutzt.

Plutzer:
Bezeichnung für die Kürbisfrucht

Rösten:
Entzug des Wassers bei ca. 60 Grad. Röstvorgang dauert rund eine halbe Stunde.

Spindelpresse:
Mit großen Holzschrauben statt mit einem Keil wird Preßdruck erzeugt.

REZEPTE

REZEPTE MIT KERNÖL

Kernölpesto auf Steirisch (Strallhofer)
Zutaten: 50 g Kürbiskernöl, 50 g Kürbiskerne, 1 Bund Basilikum, 2 Eßlöffel Parmesan, 2 Knoblauchzehen, Salz
Zubereitung: Gehackte Basilikumblätter, Öl, Parmesan, Kürbiskerne, Salz mit dem Mörser oder Stabmixer fein mahlen. Um einen bitteren Geschmack zu vermeiden den Knoblauch zum Schluß beifügen oder weglassen. Sollten Sie zuviel Pesto haben, ist es auch im Schraubverschlußglas einige Wochen im Kühlschrank haltbar.

Kernölgugelhupf (Frau Teichtmeister, Obervogau)
Zutaten: 4 Eier, 100 g Wasser, 1 P. Vanillezucker, 100 g Kernöl, 100 g Staubzucker, 150 g Kristallzucker, 250 g Mehl, 1/2 P. Backpulver, Kürbiskerne nach Bedarf, Fett für die Form
Zubereitung: Form einfetten, mit Mehl ausstauben, mit halbierten Kürbiskernen auslegen. Eidotter, Staubzucker, Vanillezucker, Wasser und Kernöl schaumig rühren, Eiklar mit Kristallzucker nicht ganz steif schlagen, Dottermasse mit einem Drittel des Eischnees und dem Mehl glattrühren, dann den restlichen Schnee unterziehen. Bei 180 °C ca. 1 Stunde backen. Den Gugelhupf in heissem Zustand dick anzuckern.

Kernölaufstrich (Strallhofer)
Zutaten: 250 g Magertopfen, 3–4 kleingehackte Knoblauchzehen, Petersilie, Salz, 2 Eßlöffel Kernöl, eventuell einige gehackte Kürbiskerne
Zubereitung: Alle Zutaten vermischen und wenn vorhanden mit einigen Kürbiskernen verzieren.

Kernöleierspeis („Kernölschmelzi" vom Zirngast-Opa)
Zutaten: 3 Eier, 1 Eßlöffel Kürbiskernöl, gemischte Unkräuter gehackt (am besten: Brennessel, Gundelrebe, Taubnessel, Gänseblümchenblätter usw.)
Zubereitung: Eier aufschlagen, verquirlen, Kräuter und Salz zufügen. Das Kernöl kurz erhitzen, das Eiergemisch einrühren und stocken lassen.

Erbsenpüree mit Kernöl (Christoph Wagner aus „Steirisches Kürbiskernöl")
Zutaten: 500 g ausgelöste frische Zuckererbsen oder auch Tiefkühlware, 60 g Butter, Salz, frischgemahlener Pfeffer, Kürbiskernöl, geröstete Kürbiskerne
Zubereitung: Erbsen in Salzwasser kochen, gut abseihen und in einer Küchenmaschine oder mit dem Stabmixer pürieren.

Kalte Butter in kleine Stückchen schneiden und langsam beigeben bis das Püree die richtige sämige Konsistenz aufweist. Mit Salz und Pfeffer würzen. Das Erbsenpüree vorsichtig mit Kernöl leicht vermengen und mit ein paar gerösteten Kürbiskernen garnieren.

Kernöldalken (Willibald Haider, Graz)
Zutaten: 1/8 l lauwarme Milch, 20 g Germ, 150 g glattes Mehl, 2 Dotter, 4 cl Kernöl, 1 EL Speck, feingewürfelt und angeröstet, 1 EL Zwiebel, feingewürfelt und angeröstet, 1 EL Kürbiskerne, grob gehackt, Salz, Petersilie, Zucker, Eiweiß, steif geschlagen

Zubereitung: Aus etwas lauwarmer Milch, Germ, Zucker und etwas Mehl ein Dampfl anrühren. Wenn die Germ aufgegangen ist, restliche Zutaten einrühren (ohne Eiweiß) und ca. 1 Stunde gehen lassen, steif geschlagenes Eiweiß unterrühren und mit Salz und Petersilie abschmecken. In Dalkenpfanne oder in normaler Pfanne 3–4 Dalken pro Person backen.

Schafkäse mit Kernöl und gemahlenen Kürbiskernen und grobem Pfeffer
Zubereitung: Schafkäse in Scheiben schneiden und mit Kernöl, gemahlenen Kürbiskernen und Pfeffer würzen.

Steirischer Bauernsalat mit Kürbiskernöl (Ölmühle Fandler)
Zutaten: 1 kleiner Salathäuptel, 2 Tomaten, 1 Knoblauchzehe, 300 g gekochter Bauernschinken, 5 EL Kürbiskernöl, 2 grüne Paprika, 4 EL Pöllauer Apfelessig, 100 g Maiskörner, Salz und Pfeffer, 100 g Fisolen, 2 hartgekochte Eier
Zubereitung: Den Salat waschen, gut abtropfen lassen und in eine Schüssel geben. Bauernschinken in breite Streifen schneiden, gehackten Zwiebel, gekochtes Gemüse, würfelig geschnittene Paprika und Tomaten dazugeben. Den zerdrückten Knoblauch, Salz, Pfeffer und Kürbiskernöl über den Salat geben und leicht unterheben. Zum Schluß Essig dazugeben und mit den hartgekochten Eiern garnieren.

Kernölspezialsalat (Strallhofer)
Zutaten: 2 mittelgroße Kartoffel (festkochend), 25 dag Vogerlsalat (oder Feldsalat oder Löwenzahnsalat), 1 Zehe Knoblauch, 1 kleine Zwiebel, 3–4 Eßlöffel Kernöl, Apfel- oder Mostessig (je nach Bedarf Salz und Pfeffer)
Zubereitung: Die Kartoffeln kochen, warmhalten, den Vogerlsalat putzen und waschen, die Zwiebel in dünne Scheiben schneiden, Knoblauchzehe fein hacken, diverse Kräuter wie Schnittlauch und Petersilie (oder andere) fein schneiden. Kartoffeln in Scheiben schneiden, mit dem Vogerlsalat, Zwiebel, Kernöl, Apfel- oder Mostessig, Knoblauch, Salz und Pfeffer vermengen.
Ein besonderer Tip: Sollten Sie noch eine warme Rindsuppe haben, die Salatmarinade mit 2 Eßlöffel warmer Rindsuppe verdünnen. Eine steirische Köstlichkeit!

REZEPTE MIT KÜRBISKERNEN

Kürbiskernkuchen (Frau Lechner)
Zutaten: 80 g Butter, 180 g Zucker, 70 g geriebene Kürbiskerne, 140 g Mehl, 4 Eiklar, 2 Eidotter, 1 TL Backpulver
Zubereitung: Eiklar mit wenig (2 EL) Zucker steif schlagen. Einen Abtrieb aus Butter, dem übrigen Zucker und aus zwei Dottern bereiten, die Kürbiskerne untermischen. Backpulver mit Mehl vermischen, über die Masse sieben, leicht verrühren und den Schnee leicht unterheben. Die Teigmasse in eine befettete und bemehlte längliche Form geben und bei 180° eine Stunde backen.

Kürbiskernkipferl (Margret Renner, Langegg)
Zutaten: 300 g glattes Mehl, 60 g Staubzucker, 1 P. Vanillezucker, 100 g gemahlene Kürbiskerne, 250 g Butter oder Margarine; 100 g Staubzucker, 1 P. Vanillezucker zum Wälzen
Zubereitung: Mehl sieben, mit Vanillezucker, Zucker und Kürbiskernen vermischen. In Stücke geschnittene kalte Butter oder Margarine in die Mitte geben und zu einem glatten Teig verkneten und eine Rolle formen. Scheiben von 1 cm

Stärke abschneiden, rollen, Kipferln formen und auf ein mit Backpapier ausgelegtes Blech legen. Im vorgeheizten Rohr ca. 25 Min. bei 160 °C backen.
Die ausgekühlten Kipferln im Vanille-Staubzuckergemisch wälzen.

Kürbiskernparfait (Christoph Wagner aus „Steirisches Kürbiskernöl")
Zutaten: 2 Eier, 1 Eidotter, 2 EL Honig, 3 dl Schlagobers, 4 EL im Mörser fein zerstoßene Kürbiskerne, eventuell ein Schuß Mandellikör
Zubereitung: Die Eier und den Dotter mit dem Honig über heißem Wasserdampf schaumigschlagen und den Eierschaum vorsichtig mit dem geschlagenen Obers, den fein zerstoßenen Kürbiskernen und eventuell mit dem Mandellikör vermengen. Die so entstandene Masse in kleine Auflaufformen füllen, die man zuvor im Kühlschrank gekühlt hat und etwa 8 Stunden im Tiefkühlfach gefrieren lassen. Danach die Formen in heißes Wasser stellen und auf einen Teller stürzen. Wenn das Parfait zu fest gefroren ist, vor dem Servieren noch ein paar Minuten antauen lassen. Mit Schlagobers und ein paar Kürbiskernen garnieren.

Kürbiskernweckerl (Christoph Wagner aus „Steirisches Kürbiskernöl")
Zutaten: 250 g Hartweizenmehl, 100 g Weizenvollkornschrot, 50 g Kürbiskerne, 20 g Germ, 0,2 l lauwarme Milch, 0,2 l Wasser, 2 EL Kürbiskernöl, 1 Messerspitze Zucker, 1 TL Salz, 1 TL Fenchelsamen, Pfeffer, Butter zum Ausstreichen des Blechs und Kürbiskerne zum Bestreuen
Zubereitung: Die Kürbiskerne ohne Fett in einer Pfanne kurz anrösten und grob hacken. In einer großen Schüssel die Germ und den Zucker in etwas mit Wasser verdünnter Milch auflösen und gut verrühren. An einem warmen Platz gehen lassen bis die Mischung Blasen wirft. Mit dem Rest der Milch und des Wassers aufgießen und das Mehl, den Weizenvollkornschrot, das Kernöl, die kleingehackten Kürbiskerne, den Fenchelsamen, Pfeffer und Salz hinzufügen. Den Teig auf einer bemehlten Arbeitsfläche gut durchkneten bis er glatt und geschmeidig ist. Aus dem Teig ca. 10 längliche Weckerln formen, nach Belieben mit den grobgehackten Kürbiskernen bestreuen und auf ein gut ausgefettetes Backblech legen, mit einem feuchten Tuch bedecken, unter welchem der Teig etwa 1 1/2 Stunden aufgehen kann. Das Backrohr auf 220° vorheizen und die Kürbiskernweckerl etwa 1/2 Stunden goldbraun backen.

Kürbiskernpotize (Dagobert)
Zutaten: Germteig: 1/2 kg Mehl, 8 dag Zucker, 6 dag Butter, 1 Würfel Germ (4,2 dag), Salz, 1 Ei, 1 Dotter, 1/2 l Milch, geriebene Zitronenschale; Fülle: etwa 1/8 l Milch, 20 dag Kürbiskerne, 3 EL Biskuitbrösel, Zimt, Rum, 3 EL Honig
Zubereitung: In etwas lauwarmer Milch die Germ auflösen, mit etwas Mehl zu einem weichen Dampfl mischen. Mehl darüberstreuen und reifen lassen. In der restlichen lauwarmen Milch Zucker, Butter und Salz auflösen, Ei, Dotter und

Zitronenschale dazugeben. Sobald das Dampfl Sprünge zeigt, alle Teigzutaten verkneten. Zugedeckt gehen lassen, bis sich das Volumen verdoppelt hat. Für die Fülle die Kürbiskerne fein reiben. Milch und Honig erhitzen, 1 bis 2 EL Rum, etwas Zimt, Kürbiskerne und Brösel dazugeben.

Sollte die Masse zum Streichen zu fest sein, noch etwas Milch dazugeben. Wer will, kann auch noch etwas Zucker dazugeben. Den Teig ausrollen. Mit Fülle bestreichen. Von beiden Seiten zur Mitte hin einrollen und in ein gefettetes Wandl legen. Im vorgeheizten Rohr bei 200 Grad eine dreiviertel Stunde backen.

Kürbiskernbrot (Margret Renner, Langegg)
Zutaten: 80 dag Roggenmehl, 80 dag Weizenmehl, 4 dag Germ, 4 dag Salz, 1 1/2 l Wasser, 5–10 dag geröstete Kürbiskerne
Zubereitung: Roggenmehl, Weizenmehl, Germ, Salz und Wasser zu einem eher weichen Teig verarbeiten. Zum Schluß die gerösteten Kürbiskerne dazugeben und 30 Minuten gehen lassen. Bei ca. 220 Grad ca. 1 Stunde backen. Auf einem Rost auskühlen lassen – nicht zudecken.

REZEPTE MIT KÜRBIS

Kürbisstrudel
Zutaten: Strudelteig (am besten selbstgemacht), 500 g Kürbisfleisch, 200 g Zwiebeln, 50 g Butterschmalz oder Schweineschmalz, 1/8 l Sauerrahm, 1 Bund gemischte Kräuter (Dille, Petersilie, Minze, Zitronenmelisse), Salz, Paprikapulver, Pfeffer

Zubereitung: Das Kürbisfleisch nudelig oder kleinwürfelig schneiden, salzen und ungefähr eine halbe Stunde ziehen lassen. Die gehackten Zwiebeln im Schmalz anrösten. Das Kürbisfleisch dazugeben und weich dünsten. Mit den Gewürzen, dem Sauerrahm und den frischen Kräutern vermischen. In der Mitte des Strudelteiges die Fülle verstreichen, einrollen, mit Öl bestreichen und im Rohr bei 200–220° ca. 30–35 Minuten backen.

Gefüllte Kürbisblüten (Paukert „Kürbis- und Kernölkochbuch)
Zutaten: 12 Kürbisblüten, Schmalz zum Herausbacken;
Backteig: 200 g Mehl, 2 Eier, 3/10 l Wein (Bier oder Milch), Salz;
Fülle: 30 g Butter, 2 Zwiebeln, 70 g Semmelbrösel, 3 Dotter, Zitronensaft, gehackte Petersilie oder andere Kräuter, Salz, Pfeffer
Zubereitung: Backteig: Dotter, Mehl, Salz und Wein (Bier oder Milch) zu einem festen Teig rühren, Eiweiß zu Schnee schlagen und unterheben. Teig rasten lassen, Blüten waschen und abtupfen.
Fülle: Zwiebel hacken und in Butter glasig rösten. In eine Schüssel geben und mit den restlichen Zutaten vermischen. Etwas Fülle auf jede Blüte legen und einrollen oder zusammenschlagen. Die gefüllte Blüte durch den Backteig ziehen und in heißem Schmalz herausbacken.

Kürbis süß-sauer (Frau Beisser)
Zutaten: 1 kg Kürbis, 400 g Zucker, 40 g Ingwer, Weinessig, Wasser, Zimtstangen, weißer Pfeffer, 2 Zitronenschalen
Zubereitung: Kürbis schälen, nudelig schneiden und zwei bis drei Stunden in kalten Weinessig legen. Essig abschütten und Kürbis trocknen lassen. Zucker in Essigwasser auflösen, einige Zimtstangen und eine Prise gestoßenen weißen Pfeffer, Ingwer und dünn geschnittene Zitronenschalen dazugeben und 1 Stunde kochen lassen. Zitronensaft in die Kürbissauce

träufeln. Der weichgekochte Kürbis wird in Gläser gefüllt, mit Brühe überschüttet, die Gläser luftdicht verschlossen.

Kürbis-Chutney (Reiterer – „Kürbis")
Zutaten: 1 großer Kürbis (geschält und entkernt, ca. 1,5 kg), 200 g Birnen, 200 g Zwetschken, 200 g Zwiebeln, 1 Knoblauchzehe gehackt, 200 g Rosinen, 300 g brauner Zucker, 1 Stange Zimt, 1 kleine Ingwerwurzel, einige Gewürznelken, 50–10 Pimentkörner, 1 Lorbeerblatt, Koriander, 0,3 l Weinessig, 1 Prise Salz

Zubereitung: Das Kürbisfleisch, die entkernten Zwetschken, geschälte und entkernte Birnen sowie geschälte Zwiebeln würfeln. In einem großen Topf mit Knoblauch, Rosinen, Zucker, Essig, Salz und Koriander mischen. Die restlichen Gewürze in ein Leinensackerl binden und zu den anderen Zutaten geben. Alles zum Kochen bringen und nicht zugedeckt bei kleiner Hitze etwa 1 1/2 Stunden unter häufigem Umrühren dick einkochen. Das Gewürzsackerl entfernen, das Chutney kochendheiß in Gläser füllen und sofort verschließen.
Kürbis-Chutney hält sich 12 Monate und länger. Es schmeckt zu gebratenem, warmem und kaltem Fleisch, Geflügel- und Fischgerichten, auch besonders gut zu Reisgerichten und Fondue.

Kürbisgemüse (aus Oma's Kochbuch)
Zutaten: 1/2 kg geschabten Speise- oder Ölkürbis, 2 mittlere Zwiebel, 2 EL Mehl, 1 kleine gekochte, geschälte Kartoffel, 50 g Fett (Schweinefett, Öl oder Butter), 1/8 l Sauerrahm, 1 Zehe Knoblauch, 1 EL Paprikapulver süß, 1 TL Kümmel, 1 EL Petersilie kleingehackt, etwas Essig, Salz
Zubereitung: Den Kürbis kleinnudelig schneiden, das Fett in einem mittelhohen Kochtopf erhitzen, die Zwiebel hellgelb rösten, Knoblauch beifügen, den geschabten Kürbis dazugeben, paprizieren, 1 EL Mehl darauf, umrühren, mit Essig ablöschen, salzen, Kümmel beifügen und weichdünsten, die gekochte Kartoffel hineindrücken. Das restliche Mehl mit

dem Sauerrahm und etwas Kürbisflüssigkeit versprudeln, über das Gemüse gießen und zum Schluß noch 1 EL Petersilie hinzufügen, das ganze ca. 10 Minuten weiterköcheln lassen, je nachdem wie soßig man das Gemüse möchte. Sehr gut zu gekochtem Rindfleisch.

Kürbissuppe (Strallhofer)
Zutaten: 300 g geschabtes Kürbisfleisch, 50 g Butterschmalz, 1/2 l Rindsuppe, 1 Lauchstange, 1 mittelgroße Zwiebel, Kümmel, Paprika, Salz, 1 EL Mehl, 1/8 l Sauerrahm
Zubereitung: Die Zwiebel klein hacken, Lauch in dünne Scheiben schneiden und in Butterschmalz glasig dünsten. Den geschabten oder feinnudelig geschnittenen Kürbis dazugeben, Kümmel, Salz und wenn man möchte Paprika, mit 1 EL Mehl stauben, mit 1/2 l Rindsuppe aufgießen. Das Kürbisfleisch weichkochen (ca. 10 Minuten), dann mit einem Stabmixer das ganze zerkleinern und dann erst den Sauerrahm einrühren und nocheinmal mit dem Mixstab fein und sämig werden lassen und mit Pfeffer abschmecken.
Wer will, kann noch einen Spritzer Kürbiskernöl auf die Oberfläche tröpfeln und geröstete Kürbiskerne darüberstreuen.
Peter's Variante: Kürbis in Würfel schneiden, dünsten, einige Würfel vor dem Passieren herausnehmen und zum Schluß beifügen. Sonst alles gleich wie oben.

• • •

KERNÖL-EVENTS

jedes Jahr

(Die genauen Daten finden Sie in der Tagespresse, im Internet oder bei den Tourismusbüros)

Ende Juli:
KürWiesBlütenFest, Wies

August:
Radmarathon auf der Ölspur

1. September-Wochenende:
Hoffest – Farmer-Rabensteiner, Bad Gams, Kernöl und Schilcher

1. September-Wochenende:
Hoffest Ölmühle Sixt

September:
Händisches Kürbisputzen in Stainz

September:
Kerndl'zöln, Rassach

September:
Tag der offenen Kernöltür bei den Bad Gamser Bauern

September:
Kürbisfest in St. Ruprecht

Mitte September:
Kürbinarische Wochen auf der Ölspur (Weststeiermark)

Mitte September:
Kürbisfest in Preding mit der Wahl des Kürbisbürgermeisters

Mitte September:
Kürbisfeste in Ludersdorf (Gleisdorf), Fürstenfeld

Ende September:
Kürbisfest in Bad Radkersburg

Ende September:
Erstpressfest, Rassach/Ölmühle Herbersdorf

Grazer Herbstmesse 1999:
Kürbiskernöl-Etiketten-Wettbewerb

Mitte Oktober:
Kernölfahrt mit Flascherlzug (Stainz/Herbersdorf)

2. Oktoberhälfte:
Ölmühlenfest Ölmühle Leopold, Deutschlandsberg

November:
Kernöl-Tagung, Rassach

Ende November:
Schaupressen in Bad Gams

KERNÖLBAUERN

Echtes Steirisches
BAUERN-
KERNÖL
Steirisches Kürbiskernöl

Reines
Kernöl

Fam. Deutsch
Kernöl

Kernöl

KERNÖL

KERNdl'n zöhln
in Rassach
12. September 1999

ADLERHOF (1)

Inhaber: Fam. **ADLER**
Vulgoname: Adlerhof
Adresse: Stocking 4, **8410 WILDON**
Telefon: 03182/3257
Fax: 03182/3257
Mitglied: Ernte
Produkte: Kernöl, Knabberkerne, Sonnenblumenöl, Bauernmüsli, Dinkel, Grünkern, Weizen, Roggen, Johannisroggen, Hafer, Gerste, Mais, Hirse, Sojabohnen, Buchweizen, 6-Korn-Getreide, Dinkelkaffee, Polenta, Mehle, Dinkelgrieß, Erdäpfel, Saisongemüse
Öffnungszeiten: täglich außer So und Feiertag
Verkaufsstellen: andere Hofläden, Bioläden
Zufahrt: A9 – Abfahrt Wildon über die Mur Richtung Kirchbach, in Stocking 300 m nach der Ortstafel auf der linken Seite
Besonderheiten: Josef Adler, vorher Zolldeklarant bei einer Spedition, und Gattin Ingrid Koppold-Adler, vorher Bankangestellte, haben sich, was den biologischen Landbau betrifft, eine eigene Philosophie zugelegt. Für sie ist der biologische Landbau mehr als das Weglassen von

Kunstdünger und Spritzmittel, mehr als die Berücksichtigung von chemischen Bodenanalysen und Ernteerträgen. Sie sehen den Boden als lebendigen beseelten Organismus. Einige Grundgedanken ihrer Philosophie besagen, daß man den Boden heilen muß, um nicht Pflanzen, Tiere und Menschen heilen zu müssen. Nicht die Pflanzen werden gedüngt, sondern das Bodenleben wird gefüttert. Dies erreichen sie auf ihrem 18,5 ha großen Ackerbaubetrieb unter anderem durch eine spezielle Art der nichtwendenden Bodenbearbeitung, durch die Einhaltung einer Fruchtfolge und durch intensiven Gründüngungsanbau. Die Unkrautregulierung erfolgt rein auf mechanischem Weg durch Striegeln und Hacken. Seit 12 Jahren sind sie Biobauern. Den Adlerhof samt 120 Jahre altem Wohnhaus haben sie geschmackvoll renoviert und die Stallungen zu Verarbeitungsraum und Hofladen umgebaut. Beim blumengeschmückten Innenhof spürt man die Hände von Frau Ingrid, die auch für das Gemüse für den Privatgebrauch und den Spargel zuständig ist. Vielen ist sie durch ihr Kochbuch bekannt, das sie mit viel Liebe und Kenntnis zusammengestellt hat oder auch durch die Seminare, die sie mit ihrem Mann zusammen gestaltet. Alles soll in Harmonie sein, ist das Credo der Adler's und dies spürt man bei ihnen und ihren Produkten.

ANDRÄ JOSEF (2)

Inhaber: Josef **ANDRÄ**
Adresse: Kleinklein 25, **8452 GROSSKLEIN**
Telefon: 03456/2469
Mitglied: Süd-Steirische Harmonie
Produkte: Kernöl, Wald-, Blüten- und Kastanienhonig, Erdäpfel, Saisongemüse
Öffnungszeiten: täglich
Zimmer: Ferienwohnung für 4 Personen am Eichberg
Zufahrt: A9 – Abfahrt Leibnitz nach Großklein, in der Ortsmitte nach Kleinklein, beim Ortsende von Kleinklein Richtung Mantrach, in der Gabelung das grüne Haus – Schild (Kernöl)
Besonderheiten: Das Hauptaugenmerk dieses Betriebes liegt auf der Imkerei. Im Rahmen des Südsteirischen Harmonienwanderweges kann diese auch besichtigt werden. Die meisten Bienenstöcke stehen auf einer Alm in der Soboth. Die Kürbisfelder liegen rund um den Hof. Ganz in der Nähe am Eichberg wird ein Weingarten mit den Rebsorten Welschriesling und Schilcher bearbeitet. Statt dem verfallenen alten Weingartenhaus wurde nun ein neues für Feriengäste zum Vermieten gebaut.

FAM. ARBEITER (3)

Inhaber: Fam. **ARBEITER**
Vulgoname: Dorfrupp
Adresse: Kainach 10, **8410 WILDON**
Telefon: 03182/7440
Mitglied: g. g. A., Gutes vom Bauernhof
Produkte: Kernöl, Fleischspezialitäten vom Hausschwein wie Geselchtes, Kübelfleisch, Verhackert, Selchwürstl, Preßwurst, Streichwurst, Grammeln, Schmalz, Frischfleisch auf Bestellung
Öffnungszeiten: täglich
Verkaufsstellen: Bauernhof, Bauernmarkt Leibnitz
Zufahrt: A9 – Abfahrt Wildon, gegenüber vom Friedhof, kurz vor der Kreuzung zur Bundesstraße 67, vor der Ortstafel Wildon rechts hinein (Beschilderung)
Besonderheiten: Am weißen Gewand noch etwas rote Farbe, so treffe ich den blonden Junior. Ist er Maler, Künstler oder doch Bauer? Letzteres mit Engagement. Denn heute ist Schlachttag und er ist gerade mit der Verarbeitung fertig geworden. Nach der Landwirtschaftsschule ist er aus familiären Gründen gleich mit der rauhen Wirklichkeit konfrontiert worden und macht seine Sache bestens. „Eine Lady am Bauernhof", so könnte man sie betiteln, die hübsche, zierliche Frau, die eben aus dem Stall tritt. Im Familienverband managt sie, zwei Söhne und die Schwiegereltern, mit Disziplin und Fleiß den Hof. Seit Generationen gibt es diesen Hof, der vorbildlich restauriert wurde. Seit 14 Jahren fährt sie auf den Leibnitzer Bauernmarkt, dann kam der Ab-Hof-Verkauf mit einem perfekten Verarbeitungs-, Kühl- und Verkaufsraum. Die letzte Errungenschaft ist der fahrbare Verkaufsstand mit eingebauter Kühlvitrine.

ARGE STEIR. KÜRBISBAUERN REG. GEN.M.B.H. (4)

Inhaber: ARGE Steir. Kürbisbauern Reg. Gen.m.b.H.
Adresse: Hohenrainstraße 33, **8480 MURECK**
Telefon: 03472/2703, **Fax:** 03472/2047
Mitglied: g.g.A.
Produkte: Kernöl, Kürbiskerne, Knabberkerne in allen Variationen
Besonderheiten: Eine Organisation, die für ihre Mitglieder Serviceleistungen, wie Reinigen, Trocknen und auch teilweise den Verkauf übernimmt.

ARNUS JOSEF (5)

Inhaber: Josef **ARNUS**
Vulgoname: Hacker
Adresse: Rauden 88, **8081 HEILIGENKREUZ AM WAASEN**
Telefon: 03134/2847, **Fax:** 03134/2294-11
E-mail: arnus@empersdorf.steiermark.at
Internet: logen.stmk.gr.at
Mitglied: g.g.A.
Produkte: Kernöl, Heu und Schwammerl (je nach Saison)
Öffnungszeiten: täglich
Zufahrt: Von Graz die B 73 Richtung Feldbach, nach dem Ortsbeginn von Prosdorf links nach Rauden, nach 50 m wieder links durch den Wald, bei der Weggabelung rechts bis zum Hof
Besonderheiten: Als Kürbisbauer ist er nicht so bekannt, aber als unermüdlicher Kämpfer gegen die 380 KV-Leitung in Empersdorf und 29 anderen Gemeinden ist Josef Arnus vielen in Erinnerung. Seit über zehn Jahren setzt er sich mit Kompetenz und Sachkenntnis zur Wehr. Denn er ist vehement gegen die Zerstörung und Schädigung der Umwelt und kämpft um Empersdorf auch als Naherholungsgebiet von Graz. Im Hauptberuf ist er mit viel Engagement als Gemeindesekretär tätig, ist hilfsbereit und setzt sich für die Menschen ein. In seiner Freizeit sucht er Spezialkulturen zu nutzen, baut Kürbis, Raps und Gerste an. Mit Begeisterung sucht er Pilze und scheint darin ebenfalls Experte zu sein. Volkstanzen gehört zu seinen weiteren Leidenschaften. Im Jahre 2000 wird er sich dann mehr seinem Fischteich zuwenden und es gibt Fischverkauf. Schon in seiner Kindheit half er viel am elterlichen Bauernhof. Er liest viel, bildet sich weiter und macht langfristige Konzepte. Die Selbstvermarktung ist ihm ein Anliegen und er meint auch, daß man die Lebensqualität steuern kann. Ein engagierter Mann, der Freude an der Natur hat und versucht, damit schonend umzugehen.

FAM. BAGOLA (6)

Inhaber: Fam. **BAGOLA**
Adresse: Dedenitz 29, **8490 BAD RADKERSBURG**
Telefon: 03476/3234
Mitglied: g.g.A.
Produkte: Kernöl, Knabberkerne, Freilandeier

BAUMANN MARIA UND KARL (7)

Inhaber: Maria und Karl **BAUMANN**
Adresse: Schwarzau 28, **8421 WOLFSBERG I. SCHWARZAUTAL**
Telefon: 03184/3217, **Fax:** 03184/3217
Mitglied: g.g.A., Gutes vom Bauernhof
Produkte: Kernöl, Knabberkerne (naturbelassen und geröstet, gesalzen und geröstet, Vanille-, Zitronengeschmack), Kürbisaufstrich (hausgemacht), Kürbis-Nußpotize, Vollkornweckerl, Ansatzliköre (Weichsel, Brombeer, Heidelbeer, Nuß), Spagatkrapfen, Strauben, Glücksschweinchen aus Germteig für Silvester (Vorbestellung), Geschenkkartons, Geschenkkörbe, Kernölflaschen (handbemalt) Versand möglich
Öffnungszeiten: täglich
Zufahrt: A9 – Abfahrt Wildon, weiter Richtung Wolfsberg i. S. bis nach Schwarzau oder von Graz die B 73 nach Kirchbach
Besonderheiten: Hier werden die Kürbiskerne nach der Ernte am Hof gewaschen, getrocknet und gereinigt. Mit dem hauseigenen Holz wird der Ofen geheizt und ca. 1000 kg Kerne werden an einem Tag getrocknet. In einer Vitrine hat Frau Maria ihre Kürbis- bzw. Kernölköstlichkeiten ausgestellt. Sie würde gerne noch mehr kreieren, doch durch einen Pflegefall in der Familie ist dies derzeit nicht möglich.

BAUMGARTNER IRENE (8)

Inhaber: Irene Agnes **BAUMGARTNER**
Adresse: Weixelbaum 15, **8484 UNTERPRUKLA**
Telefon: 03475/2679
Mitglied: g.g.A.
Produkte: Kernöl

FAM. BERGHOFER (9)

Inhaber: Fam. **BERGHOFER**
Adresse: Bahnhofstraße 25, **8350 FEHRING**
Telefon: 03155/2222-22, **Fax:** 03155/2222-20
Internet: www.bumerang.at
Mitglied: g.g.A.
Produkte: Kernöl, Knabberkerne, Rapsöl, verschiedene Mehle
Öffnungszeiten: Mo bis Fr 7.30 – 12, 13.15 - 17, Sa 7.30 – 12 (Mühlenladen)
Besonderheiten: Eine Familie mit Tradition, die neben der Mühle noch eine eigene Landwirtschaft betreibt und diese Produkte ab Hof in der Mühle mitverkauft. Alles weitere siehe unter Berghofer-Mühle.

FAM. BERGHOLD-RÖSSLER (10)

Inhaber: Fam. **BERGHOLD-RÖSSLER**
Vulgoname: Jungdenk
Adresse: Gosdorf 24, **8482 GOSDORF**
Telefon: 03472/2876, **Fax:** 03472/2876
Mobiltelefon: 0664/5564688
Mitglied: g.g.A., Gutes vom Bauernhof
Produkte: Kernöl, Ansatzschnäpse, Edelbrände je nach Saison, Marmeladen
Öffnungszeiten: täglich
Zufahrt: A9 – Abfahrt Gersdorf Richtung Radkersburg, links in das Ortszentrum von Gosdorf, nach der Ortskapelle das zweite Haus rechts (Beschilderung)
Besonderheiten: Mitten im Raddörfl Gosdorf, unweit vom Storchennest, schräg gegenüber der Ortskapelle ist die Gemeindebäuerin aktiv. Ein alteingesessener Bauernhof, seit einigen Generationen im Familienbesitz. Seit kurzem sind sie unter die Direktvermarkter gegangen. Neben Hasen, Hühnern, Puten und Enten sind auch Schweine am Hof. Daher sind die nächsten Ziele Selchwaren, wie Kübelfleisch, Geselchtes, Selchwürstl und Aufstriche. Auch Kernölverkostungen sind geplant.

FAM. BRAUCHART (11)

Inhaber: Fam. **BRAUCHART**
Adresse: St. Peter i. S. 23, **8542 ST. PETER IM SULMTAL**
Telefon: 03467/8460, **Fax:** 03467/8460
Mitglied: g.g.A., Gutes vom Bauernhof, Weißes Pferd
Produkte: Kernöl, Knabberkerne, Dinkel, Dinkelvollmehl, Schilcher, Schilchertraubensaft, Geschenkverpackungen (Körbe, Kisterl)
Öffnungszeiten: täglich

Zufahrt: Über Stainz, Deutschlandberg, Richtung St. Martin i. S., bei Wieden Abzweigung nach St. Peter, nach dem Friedhof rechts durch den Ort, bei der Volksschule vorbei bis zur dritten Einfahrt links (Beschilderung)

Besonderheiten: Vom Kernöl über Dinkel, Schilchertraubensaft zum Wein, so lautet die Kurzgeschichte des Familienbetriebes. Eine nette Geste ist hier, daß beim Verkauf von Dinkel oder Dinkelmehl auf Wunsch auch Rezepte mitgeliefert werden. Es gibt auch Kernölrezepte. Die Großfamilie setzt sich für die Vermarktung der Produkte ein und zeigt beim Tag der offenen Kellertüre ihre Produkte im alten Bauernkasten. Beim nächsten Mal hat sie vor, neben dem Wein auch Kürbis- und Kernölspeisen zu kredenzen.

DEIMEL EWALD (12)

Inhaber: Ewald **DEIMEL**
Adresse: Ottendorf 25, **8312 OTTENDORF**
Telefon: 03114/2423
Mitglied: g.g.A.
Produkte: Kernöl, Salat

WEINBAU DEUTSCH-MAIER MONIKA (13)

Inhaber: Monika **DEUTSCH-MAIER**
Vulgoname: Eckschuster
Adresse: Wildbachberg 16, **8524 BAD GAMS**
Telefon: 03462/7727, **Fax:** 03462/7727
Mobiltelefon: 0664/2843329
E-mail: weinbau.deutsch-maier@netway.at
Mitglied: Gutes vom Bauernhof, Weißes Pferd, Marktgemeinschaft Wein
Produkte: Kernöl, Honig, Schilcher, Weißburgunder, Morillon, Edelbrände, Schilcherlikör, Kräuterbitter, Schilchertraubensaft, Apfelsaft, Geschenkkörbe; auch Versand möglich
Öffnungszeiten: täglich
Zimmer: 6 Doppelzimmer
Zufahrt: A2 – Abfahrt Lieboch über Stainz, Abzweigung nach Bad Gams, wenige Meter die Straße Richtung Frauental, im Ort Furth beim „Steirertoni" rechts Richtung Wildbach, ca. 1 km, dann links ca. 500 m bis zum rechts an der Straße gelegenen Hof.
Besonderheiten: Hier startet eine Frau voll durch. Das historische weststeirische Bauernhaus aus 1769, schönstens renoviert, wird oft als Fotomodell verwendet. Früher gab es hier nur Landwirtschaft, natürlich mit Kür-

bisanbau. Als Frau Monika übernahm suchte sie ein weiteres Standbein. Was lag näher an der Wiege des Schilchers am Wildbachberg als Wein auszupflanzen. Sie startete als Quereinsteigerin. Mittlerweile hat sie die Weinbauschule Krems absolviert und keltert seit fast 10 Jahren ihren Wein. Unterstützt wird sie von den Eltern und am Wochenende von ihrem Mann. Eine tüchtige Frau, die nicht nur ihre Produkte bestens präsentiert, sondern auch Mondschein- und Schilcherwanderungen führt. Für Weininteressierte bietet sie Weingartenbegehungen und Kellerbesichtigungen an. Sogar ein Diavortrag von der Rebe bis zum Wein wird geboten. Eine kommentierte Verkostung mit Schmankerln des Hauses gibt es auf Voranmeldung. Sollten Sie an Ihren Produkten gefallen finden, können Sie diese im schön gestalteten Verkaufsstüberl erwerben.

FAM. DIRNBÄCK (14)

Inhaber: Christine **DIRNBÄCK**
Vulgoname: Schneider
Adresse: Stögersdorf 9, **8562 MOOSKIRCHEN**
Telefon: 03137/2620, **Fax:** 03137/2620
Produkte: Kernöl, Kürbis-Frucht-Konfitüren, Knabberkerne, Essig, Most. Alle Lebensmittel in verschiedenen Geschenkverpackungen. Auf Wunsch Versand!
Öffnungszeiten: nach telefonischer Vereinbarung
Verkaufsstellen: Bauernladen s'Lohnwaberl, Mooskirchen Marktplatz,
Bauern & Kunststube, Ligist,
Bauernstube Edelschrott,
Bauernladen Köflach, Passage
Besonderheiten: Reiten für Anfänger ab 3 Jahren, Ausritte mit geprüften Wanderreitführern (Stunden-, Halbtags- und Tagesrouten), Kutschenfahrten, Pferderaststation.

DUNKL BERNHARD (15)

Inhaber: Bernhard **DUNKL**
Adresse: Obergroßau 30, **8261 SINABELKIRCHEN**
Telefon: 03118/2730, **Fax:** 03118/2730
E-mail: karin.bernhard.dunkl@netway.at
Mitglied: g.g.A.
Produkte: Kernöl, Most, Essig, Schnaps und Schnapsansätze

STRAUSSENFARM EDELSBRUNNER (16)

Inhaber: Gerhard und Renate **EDELSBRUNNER**
Vulgoname: Ploschg
Adresse: Oberpurkla 11, **8484 UNTERPURKLA**
Telefon: 03475/2589, **Fax:** 03475/2589

Mitglied: Gutes vom Bauernhof
Produkte: Kernöl, Käferbohnen, Obstler, Wein, Straußenfrischfleisch (Steirerjuwel), Straußengeräuchertes, Selchwürstl, Eier, Schinken, Straußencreme, Straußenringelblumencreme, bemalte und unbemalte Straußeneier, Straußeneierlikör, Straußenkochbuch, Straußenleder, diverse Geschenkartikel
Öffnungszeiten: April-November tägl. außer Mo; sonst tel. Anfrage
Buschenschank: April – November, täglich außer Montag; Platz für je 100 Personen innen und außen
Zufahrt: Eine Möglichkeit: A9 – Abfahrt Gersdorf, Richtung Radkersburg, in Unterpurkla nach dem Ortsschild links 1,4 km der Beschilderung nach oder durch Unterpurkla, links nach Oberpurkla (Beschilderung Straußenfarm 1,7 km), in Oberpurkla beim Radhotel Schischek links, nach ca. 500 m bei der Feuerwehr wieder links (Beschilderung)
Besonderheiten: Begehrt bei Radfahrern und Ausflüglern ist dieser etwas andere Erlebnisbuschenschank. Der Beginn war auch hier mit einem Bauernhof mit Vieh- und Ackerwirtschaft, natürlich auch Kürbisanbau, der auch heute noch betrieben wird. Schon als Jugendlicher hat Herr Gerhard sein Taschengeld in Tierbüchern angelegt. Auf der Suche nach Alternativen kam man auf die

Straußen. Als eine der wenigen privat zugänglichen Straußenfarmen Österreichs sind sie die Attraktion in der Thermenregion. Im Jahre 1993 begannen sie mit den Straußen, dann kamen der Weingarten in Klöch und die hausnahen Kürbisäcker dazu. Als Obmann der Arge „Steirerjuwel" ist er um das Image und die Vermarktung des Straußenfleisches bemüht. Ein Erfolg ist das Straußenkochbuch. Wußten Sie, daß das Straußenfett als Grundlage für Heil- und Kosmetikcremen verwendet wird? Die Jausenkarte bietet Spezialitäten vom Strauß, wie saures Straußenherz oder Carpaccio, den Bohnensalat mit Straußenfleisch und Kernöl an. Als ehemalige Koch-Kellnerin bedient Sie Frau Renate schnell und freundlichst. Ein dynamisches, aufgeschlossenes Ehepaar mit zwei Kindern, das noch viel vor hat.

ILZTALER HOFLADEN (17)

Inhaber: Fam. **ERTL**
Vulgoname: Ilztaler Hofladen
Adresse: Prebensdorf Stadt 111, **8211 GROSSPESENDORF**

Telefon: 03113/3748, **Fax:** 03113/3748
Mobiltelefon: 0664/4513279
Internet: http/www.pumpkinseedoil.com/ilztaler.hofladen
Mitglied: g.g.A., Gutes vom Bauernhof
Produkte: Kernöl, Knabberkerne, sortenreine Edelbrände, Obst, Apfelsaft, Most, Pfirsich-, Birnen- und Weichselnektar, Honig, verschiedenste Fruchtkonfitüren und -kompotte, Zierflaschen (handbemalt), Geschenkkassetten aus Vollholz und Kartone in verschiedenen Variationen, Gläser (mundgeblasen), Spezialitätenbuffet, kalte Platten; auch Versand!
Öffnungszeiten: Mo bis Sa, 8–20 Uhr, Sonn- u. Feiertag tel. Anmeldung
Verkaufsstellen: Knittelfeld, Graz – Bauernladen Reinprecht (Plüddemanngasse – Drogeriemarkt)
Zufahrt: A2 – Abfahrt Gleisdorf West, B 54 Richtung Hartberg, in Großpesendorf beim Kreisverkehr (Bauhof Teubl) Richtung Sinabelkirchen, durch Prebensdorf, nach ca. 150 m links, 1,4 km den Berg hinauf, nach Prebensdorf-Stadt (Beschilderung)
Besonderheiten: Franz und Friederike Ertl, in der wahrscheinlich kleinsten Stadt, bieten alle „Früchte in schöne Flaschen gepreßt", wie Edelbrände, Säfte, Most, Pfirsichnektar und Kernöl. Im alten Apfel- und Mostkeller wurde geschmackvollst der Hofladen eingerichtet. Verkostet wird unter schönem Ziegelgewölbe mit Ziegelboden, alten Möbeln und „Faßltheke" liebevollst ausgestattet und dekoriert mit Geschenkartikeln und Aquarellen. Auf Wunsch werden auch persönliche Feiern mit einem steirischen Spezialitätenbuffet organisiert. Ein äußerst engagierter Familienbetrieb. Der Sohn studiert, die Tochter ist gerade aus Frankreich auf Heimaturlaub, denn das 6. Hoffest ist in Vorbereitung, das ganz groß mit Tombola und Modeschau aufgezogen wird – von sympathischen Profis. Überall sind sie aktiv, so auch auf Messen von Graz über Oberwart, Wien bis Wieselburg. Da sie auch im Internet auf englisch vertreten sind, versenden sie ihr Kernöl nach Australien und Neuseeland. Ihre Kürbisse werden mit Hühnergülle gedüngt und händisch gehauen. Ihr spezielles Etikett ziert ein Aquarell des Künstlers Bauer. An den Wänden hängen zahlreiche Auszeichnungen von Landesbewertungen und Medaillen der „Destillata" für ihre Edelbrände.

FAM. FABIAN (18)

Inhaber: Fam. **FABIAN**
Adresse: Altenmarkt 64, **8280 FÜRSTENFELD**
Telefon: 03382/53480, **Fax:** 03382/53480
Mitglied: g.g.A.
Produkte: Kernöl

FASTL-PUTSCHANTL-HOF (19)

Inhaber: Georg **FASTL**, Maria **SCHEUCHER-FASTL**
Vulgoname: Putschantl-Hof
Adresse: Prentern 6, **8413 ST. GEORGEN/STFG.**
Telefon: 03183/7551
Mitglied: g.g.A.
Produkte: Kernöl, auch in Geschenkflaschen

FAM. FISCHER (20)

Inhaber: Fam. **FISCHER**
Adresse: Baumschulgasse 86, **8230 HARTBERG**
Telefon: 03332/64582, **Fax:** 03332/64582
Mitglied: g.g.A.
Produkte: Kernöl, Ziegenmilch, Käse, Freilandeier

FRAUWALLNER WILLI UND EMMA (21)

Inhaber: Willi und Emma **FRAUWALLNER**
Adresse: Karbach 7, **8345 STRADEN**
Telefon: 03473/7137
Mitglied: g.g.A.
Produkte: Kernöl, Knabberkerne, Qualitätsweine, diverse Edelbrände

FRIEDL JOSEF (22)

Inhaber: Josef **FRIEDL**
Adresse: Ragnitz 9, **8413 ST. GEORGEN/STIEFING**
Telefon: 03183/7303
Mobiltelefon: 0663/027996
Mitglied: g.g.A.
Produkte: Kernöl, Knabberkerne (geröstet und gesalzen)

FRITZ MAXIMILIAN UND HELGA (23)

Inhaber: Maximilian und Helga **FRITZ**
Adresse: Loedersdorf II/2, **8334 LOEDERSDORF**
Telefon: 03155/3046
Mitglied: g.g.A.
Produkte: Kernöl, Knabberkerne

FRÖHLICH-HAMMER ANTON (24)

Inhaber: Anton **FRÖHLICH-HAMMER**
Vulgoname: Goschbel
Adresse: Altenberg 51, **8430 TILLMITSCH**
Telefon: 03452/72493, **Fax:** 03452/72493-4
Mitglied: g.g.A.
Produkte: Kernöl, Schnaps, Eier, Milch
Öffnungszeiten: täglich
Buschenschank: sonntags
Zufahrt: A9 – Abfahrt Leibnitz, Bundesstraße 74 bis Kaindorf, rechts nach Tillmitsch, die 2. Einfahrt (beim Marterl und Lindenbaum) links, bei der Kapelle rechts der Beschilderung nach Altenberg den Berg hinauf, vor der nächsten Kapelle und dem Transformator links bis zur ersten Einfahrt.
Besonderheiten: Bekannt ist den Einheimischen der neben dem Bauernhof momentan nur sonntags geöffnete Buschenschank – von der Seniorchefin bestens betreut. Nun hat die Jugend das Sagen und der Ausbau hat begonnen. Vorerst mit den Stallungen. Alles schön nacheinander. Ein großer Hof, einer der wenigen auf der Anhöhe, mit Schweinen, Rindern, Hühnern, Katzen, Hund und Tauben. Bauer und Bäurin sind mit Leib und Seele dabei. Sie sei gerne Bäurin strahlt die hübsche Jungbäurin Katharina mit ihren blitzblauen Augen. Auch die Jugend ist interessiert und so wird es hier neben bestem Kernöl später andere Produkte geben, wenn die nächste Generation mithilft. Denn alles ist auch hier nur mit Hilfe der Familie möglich.

FRUHMANN JOHANN U. ANNEMARIE (25)

Inhaber: Johann und Annemarie **FRUHMANN**
Adresse: Lang 8, **8403 LEBRING**
Telefon: 03182/7137
Mitglied: g.g.A.
Produkte: Kernöl

FAM. FUCHS ALOIS (26)

Inhaber: Alois **FUCHS**
Adresse: Haller 22, **8271 BAD WALTERSDORF**
Telefon: 03333/3836
Mitglied: g.g.A.
Produkte: Kernöl, Knabberkerne, Apfelsaft, Most, Freilandeier
Zimmer: Urlaub am Bauernhof

FAM. FÜRNSCHUSS-MIMLICH (27)

Inhaber: Fam. **FÜRNSCHUSS-MIMLICH**
Vulgoname: Schneiderjörgl
Adresse: Freidorf 13, **8542 ST. PETER I. S.**
Telefon: 03467/8383
Mitglied: g.g.A., Schilcherland
Produkte: Kernöl, Fruchtsäfte, Streuobst, Ribisel (Großteil an Großabnehmer), verschiedene Getreide (auch auf Wunsch gemahlen)
Öffnungszeiten: täglich
Zufahrt: A2 – Abfahrt Lieboch, nach Deutschlandsberg, Richtung St. Martin, in Wieden nach St. Peter, nach der Bahnübersetzung links nach Freidorf, rechts bis zum Hof mit der Ribiselplantage linkerhand.
Besonderheiten: Frau Dorothea ist Meisterin der ländlichen Hauswirtschaft und hat von den Eltern den Betrieb übernommen. Außerdem ist sie noch Ortsleiterin der Frauenbewegung. Vom Kürbissetzen weiß sie so manch lustige Geschichte zu erzählen: „Sie baut deshalb noch Kürbisse an, damit in St. Peter genug Kürbisse zusammenkommen, damit mit Hilfe der Kürbisse der Kirchturm von St. Peter zum Gotteshaus gerollt werden kann." Denn bis jetzt ist er nicht mit dem Kirchenschiff verbunden. Achtung Kürbissetzlügen! Früher waren sie Vollerwerbsbauern, dann kam ihr Job im Krankenhaus, jetzt in Pension fährt sie noch mit der Rettung mit. In Kürze übernimmt die Jugend und dann folgt die Umstellung auf Biobetrieb. Der Jungbauer hat bereits Erfahrung damit. Sie haben vor, noch weitere Produkte in ihr Programm aufzunehmen.

GAISCH JOHANN (28)

Inhaber: Johann **GAISCH**
Vulgoname: Steffl
Adresse: Freidorf 15, **8542 ST. PETER I. S.**
Telefon: 03467/7085, **Fax:** 03467/7085
Mobiltelefon: 0664/4209699
Mitglied: g.g.A., Schilcherland
Produkte: Kernöl, Kürbiskerne, auf Wunsch Knabberkerne
Öffnungszeiten: täglich
Zufahrt: Über Stainz, Deutschlandsberg, dort Richtung St. Martin, nach wenigen Kilometern rechts nach St. Peter, dort über die Bahn links nach Freidorf, ca. 1 km, im Ort nach der Kreuzung links das 1. Haus (Beschilderung g.g.A. – „steir. Panther")
Besonderheiten: Ein charismatischer Jungbauer mit Handy am Traktor, der mit seinen Eltern und Brüdern den Bauernhof managt. Er ist ruhig aber bestimmt und aktiv in verschiedenen beruflich bezogenen Organisationen – und er ist gerne Bauer. Als Gründungsmitglied von Schilcherland versuchten sie neben dem Kernöl noch

andere Produkte Ab-Hof zu verkaufen. Geblieben sind der Schweinebetrieb – als Zucht geführt, dazugekommen ist die Holunderplantage, deren Ertrag an die Genossenschaft vermarktet wird. Beim Kernöl wird auf Qualität gesetzt und daher auf die Kerne besonderes Augenmerk gerichtet. Unmittelbar vor der Saat wird das Saatgut auf die Keimfähigkeit geprüft, damit es nach dem Setzen keine Überraschungen gibt. Wie der Senior meint, wird auch hier fest gelogen beim Setzen, um einen guten Ertrag zu haben. Als Beitrag zum Blumendorf hat die Familie die Zufahrt zum Ort St. Peter mit wunderschönen Sonnenblumen gesäumt.

GENSER MARIA (29)

Inhaber: Maria **GENSER**
Adresse: Blumau 6, **8283 BLUMAU**
Telefon: 03383/3337
Mitglied: g.g.A.
Produkte: Kernöl, Knabberkerne

GIESAUF ANTON UND HERMINE (30)

Inhaber: Anton und Hermine **GIESAUF**
Adresse: Oberpurkla 19, **8484 UNTERPURKLA**
Telefon: 03475/7580
Mitglied: g.g.A., Gutes vom Bauernhof, (Grüne Börse Radkersburg)
Produkte: Kernöl, Gemüse nach Saison, Kleinkunsthandwerk, Radkersburger Bauernbuffet (Mehlspeisen)
Öffnungszeiten: täglich
Zufahrt: A9 – Abfahrt Gersdorf, Richtung Radkersburg, in Unterprukla links Richtung Bad Gleichenberg, in Oberpurkla beim Rüsthaus links, wenige Meter bis zum Bauernhof (Beschilderung).
Besonderheiten: Wieder eine dieser zarten Powerfrauen. Sie kommt selbst von einem Bauernhof und besuchte die Hauswirtschaftliche Fachschule in Mureck. Hier am Bauernhof hat sie den Direktverkauf eingeführt (im eigenen Hofladen) und ist zuständig für das Gemüse, die Säfte und eine Könnerin beim Backen. Zweimal die Woche liefert sie die Schuljause nach Halbenrain und Radkersburg wie Käse oder Pizzastangerl oder das Apfelbrot. Kommen Schulklassen, führt sie diese durch den Bauernhof. Eine ihrer großen Spezialitäten sind die Kurse in einer besonderen Art der Wachsmalerei – Encaustic genannt. Bekannt ist auch ihr Schnupperlehrgang in der bäuerlichen Geschenkwerkstatt. Im bäuerlichen Advent ist sie mit einem Erlebnisangebot in Form einer Ausstellung von bäuerlichem Kunsthandwerk vertreten. In diesem Familienbetrieb ist alles aufgeteilt, jeder am Hof hat seine Aufgabe, wie z.B. die Ehrenurkunde vom Opa zeigt: Aufpasser, Alleinunterhalter, Ideenproduzent, Reiseleiter, Spieleerfinder, Streitschlichter, Zuckerllieferant, Tröster, Spielgefährte.

GLÄSER MARIA UND ALOIS (31)

Inhaber: Maria und Alois **GLÄSER**
Adresse: Löffelbach 41, **8230 HARTBERG**
Telefon: 03332/65989
Mitglied: g.g.A.
Produkte: Kernöl, Qualitätsschnäpse

GLAUNINGER JOSEF (32)

Inhaber: Josef **GLAUNINGER**
Adresse: Kirchberg 43, **8324 KIRCHBERG A. D. RAAB**
Telefon: 03115/4568
Mitglied: g.g.A.
Produkte: Kernöl, Kren, Apfelessig

OBSTHOF GLÜCK (33)

Inhaber: Fam. **GLÜCK**
Adresse: Marktplatz 6, **8462 GAMLITZ**
Telefon: 03453/2521, **Fax:** 03453/2521
Mitglied: Gutes vom Bauernhof
Produkte: Kernöl, Knabberkerne, Apfelsaft (naturtrüb), Fruchtnektar, Holunderblüten-, Zitronenmelissensaft, Liköre, diverse Edelbrände wie Apfelbrand, Saisongemüse, Obst, Marmeladen, Geschenkkörbe; Versand möglich (eigener Bauernladen)
Öffnungszeiten: täglich
Zimmer: 5 DZ, Ferienwohnung bis 8 Personen, Urlaub am Bauernhof
Zufahrt: A9 – Abfahrt Vogau/Straß nach Gamlitz. Mitten im Ort vor der Tabaktrafik rechts in den Hof.
Besonderheiten: Der Bauernhof liegt mitten im Ort mit einem ruhigen Hofbereich bis zum Gamlitzbacherl. Ein Familienbetrieb, der sich ständig erweitert, über Obst zum Kernöl, dann kam der Hofladen. Sie versuchen jährlich neue Ideen zu verwirklichen. Der Hausherr macht Fachführungen durch die Obstgärten in Hofnähe und in Sernau, Gartenbegehungen, Kernölverkostungen und vieles mehr. Die Hausgäste werden mit selbstgemachten Produkten verwöhnt – auch Haustiere sind hier willkommen. Diesen Bereich managt die blonde engagierte Frau Glück, unterstützt von ihrer Tochter. Als Absolventin der Fach-

schule für Obstbau in Wetzawinkl ist sie als Nachfolgerin prädestiniert. Übrigens das Familienwappen der Familie weist sie als Südmarkwanderer aus dem Stuttgarter Raum aus, die über die Untersteiermark nach Gamlitz kamen.

FAM. GOLLIEN (34)

Inhaber: Fam. **GOLLIEN**
Adresse: Eichegg 62, **8542 ST. PETER I. S.**
Telefon: 03467/8657
Mitglied: g.g.A.
Produkte: Kernöl

FAM. GRADWOHL (35)

Inhaber: Fam. **GRADWOHL**
Adresse: Schattauberg 95, **8211 GROSSPESENDORF**
Telefon: 03113/2763, **Fax:** 03113/2763-4
Mobiltelefon: 0663/9739360
Mitglied: g.g.A.
Produkte: Kernöl, Apfelsaft
Besonderheiten: Hupfburg-Vermietung

GREBENZ MONIKA UND ROBERT (36)

Inhaber: Monika und Robert **GREBENZ**
Vulgoname: Pommer
Adresse: Kleinklein 10, **8452 GROSSKLEIN**
Telefon: 03456/2409, **Fax:** 03456/2409
Mobiltelefon: 0664/120662
Produkte: Kernöl, Knabberkerne, Bauernbrot, Weine: Welschriesling, Grüner Sylvaner, Morillon (Chardonnay), Riesling Sylvaner, Sämling, Sauvignon blanc (ab 2000), Zweigelt (ab 2000) – auch Zustellung!
Öffnungszeiten: täglich
Zufahrt: A9 – Abfahrt Leibnitz nach Großklein. In der Ortsmitte rechts, beim Sportplatz vorbei nach Kleinklein. Beim Gasthaus Heber links der Beschilderung nach bis zum letzten Bauernhof auf der rechten Seite.
Besonderheiten: Der alteingesessene Bauernhof Grebenz mit dem über 200 Jahre alten Wohnhaus, wird als Familienbetrieb mit alter Weinbautradition geführt. Die Weingärten liegen am Demmerkogel/Kitzeck mit einem alten Kellerstöckl für Verkostungen. Eine Tochter besucht die Weinbauschule Silberberg. Mit viel Liebe zum Beruf wird auch bei der Kernölgewinnung vor allem auf die nicht zu heiße Röstung und schonende Ölpressung Wert gelegt. Die junge dynamische Frau stammt ebenfalls von einem Bauernhof mit Weinbau und ist daher vom Fach. Eine innovative Familie, die Mitglied bei den Saggautaler Erlebnistagen ist. Ein Erlebnisurlaubspaket von Bauern aus der Region Großklein – St. Johann im Saggautal wurde geschaffen: von der Weinkost zum Brotbacken bis zum Miterleben, wie aus Kürbiskernen Öl gepreßt wird.

GROSSSCHÄDL CHRISTA U. FRIEDRICH (37)

Inhaber: Christa und Friedrich **GROSSSCHÄDL**
Adresse: Fernitzerstraße 1, **8401 KALSDORF**
Telefon: 03135/55264
Mitglied: g.g.A.
Produkte: Kernöl, Knabberkerne natur

GROSSSCHÄDL KARL (38)

Inhaber: Karl **GROSSSCHÄDL**
Adresse: Lind 15, **8423 ST. VEIT AM VOGAU**
Telefon: 03453/6208, **Fax:** 03453/5258
Mitglied: g.g.A.
Produkte: Kernöl, Knabberkerne

GRUBER PETER (39)

Inhaber: Peter **GRUBER**
Adresse: Altenberg 1, **8430 TILLMITSCH**
Telefon: 03452/72412
Mitglied: g.g.A.
Produkte: Kernöl, Knabberkerne, Most, Mostessig, Schnaps, Brennholz

FAM. GUMPL (40)

Inhaber: Fam. **GUMPL**
Vulgoname: Paulweber
Adresse: Ragnitz 12, **8413 ST. GEORGEN I. ST.**
Telefon: 03183/7442, **Fax:** 03183/7442
Mobiltelefon: 0676/3970554
Mitglied: g.g.A.
Produkte: Kernöl, Knabberkerne, florales Kunsthandwerk
Besonderheiten: Saisonelle Ausstellungen (mit mehreren Ausstellern) im Ausstellungsraum

FAM. HACKL (41)

Inhaber: Fam. **HACKL**
Adresse: Murbergstraße 85, **8072 FERNITZ**
Telefon: 03135/55515
Mitglied: g.g.A.
Produkte: Kernöl

HAINZL DAGMAR UND JOSEF (42)

Inhaber: Dagmar und Josef **HAINZL**
Vulgoname: Huamar
Adresse: Wieden 5, **8542 ST. PETER I. SULMTAL**
Telefon: 03467/8933
Mitglied: Schilcherland
Produkte: Kernöl, naturtrüber Apfelsaft, Eier, Milch
Öffnungszeiten: täglich
Zimmer: in Planung
Zufahrt: A2 – über Stainz, Deutschlandsberg, Richtung St. Martin, rechts nach St. Peter, im Ortsteil Wieden vor einer Brücke rechts (Beschilderung)
Besonderheiten: Nahe der Bundesstraße, trotzdem abgelegen, versteht es Frau Dagmar mit dem Anwesen eine Idylle am Lande zu zaubern. Ein schönes Ensemble, das durch einen geschmackvollen Neubau ergänzt wurde. Herr Hainzl hat den Hof vor 10 Jahren übernommen und seitdem leben sie hier mit ihren zwei Kindern von der Landwirtschaft mit Rindern, Pferden, Katzen und Hund. Daß Garten und Blumen eines ihrer liebsten Hobbies sind, merkt man. Sie schaut sich vieles an, doch mit ihrer kreativen Hand ist alles ein bißchen zufällig, nichts von der Stange, die Blumen dürfen wachsen. Die Tochter, eben von der Landwirtschaftsschule gekommen, beginnt mit einer Bereiterlehre, denn durch den Anschluß ans Reiter- und Radwegenetz gibt es hier noch viele Zukunftsmöglichkeiten. Auch Gästezimmer sind geplant inmitten dieser Blumenpracht. Ihre Kernölkunden sind bis jetzt Private, Bekannte und Urlauber.

HAMMER STEFANIE (43)

Inhaber: Stefanie **HAMMER**
Vulgoname: Schwimmer
Adresse: Landscha 33, **8435 WAGNA**
Telefon: 03452/83574
Mitglied: g.g.A.
Produkte: Kernöl, Knabberkerne
Öffnungszeiten: täglich
Zufahrt: A9 – Abfahrt Leibnitz, die B 67 Richtung Wildon, links bis zum km 85,4; drittes Haus nach Autohaus, links an der Straße
Besonderheiten: An der Bundesstraße gelegener Hof, wo man sich nun nach der Viehwirtschaft auf den Kürbisanbau spezialisierte. Die weiten Kürbisfelder liegen gleich hinter dem Hof, wo noch ein alter Brunnen steht.

FAM. HARING (44)

Inhaber: Fam. **HARING**
Adresse: Lassenberg 19, **8521 WETTMANNSTÄTTEN**
Telefon: 03464/2386
Mitglied: g.g.A.
Produkte: Kernöl, Knabberkerne – natur, gesalzen, leicht geröstet, Schoko

HARTMANN RICHARD UND SOPHIE (45)

Inhaber: Richard und Sophie **HARTMANN**
Vulgoname: Tschanka
Adresse: Remschnigg 69, **8463 LEUTSCHACH**
Telefon: 03454/6842
Mitglied: Gutes vom Bauernhof
Produkte: Kernöl, Gewürzkürbis, Essiggurkerl, Weinlandspezialitäten wie Geselchtes, Kübelfleisch, Selchwürstl, Verhackert, Grammelschmalz, Eier (Freilandhaltung), Edelbrände, Säfte, Marmeladen, Wein
Öffnungszeiten: täglich
Zimmer: 2 DZ, Urlaub am Bauernhof, Ferienwohnung 2–4 Personen
Zufahrt: A9 – Abfahrt Vogau/Straß – Ehrenhausen – Gamlitz – Leutschach – Schloßberg, dort Richtung Großwalz, nach ca. 500 m rechts Richtung Remschnigg – Weißenbachgraben (Hinweisschilder Hartmann 5 km)
Besonderheiten: Der Hof liegt am südlichsten Zipfel der Steiermark, unmittelbar an der slowenischen Grenze, in 625 m Seehöhe, auf einer der Anhöhen des Remschniggs. Der Ausblick reicht über die windischen Bühel zur Hl. Geist Kirche und zur Kapelle Hohenegg, zum Eichberg und zur Montiwarte. Für Erlebnishungrige gibt es kulinarische Wanderungen, Lehrweinkosten und den Weitwanderweg. Das Hofensemble aus 1837 wurde im Zweiten Weltkrieg weitgehend zerstört. So begann man als Doppelbesitzer wieder von vorne, mit dem Grenzstein neben dem Haus. Die riesigen über 800 Jahre alten Naturdenkmäler – eine Linde, wie eine Edelkastanie – stehen heute noch. Das bemühte und fleißige Ehepaar hat 1982 den Bauernhof mit Rindern, Schweinen, Hühnern und Enten übernommen. Seit 1995 betreiben sie auch Urlaub am Bauernhof. Der Sohn geht in die Weinbauschule Silberberg. Vielleicht wird dann der Weinbau weiter ausgebaut. Die Hausfrau, immer im Einsatz, bäckt noch selbst das Brot. Herr Hartmann ist noch einmal die Woche bei einer Ölpresse in Eibiswald beschäftigt. Er preßt sogar sein Kernöl selbst.

FAM. HASENBURGER (46)

Inhaber: Fam. **HASENBURGER**
Adresse: Großsteinbach 87, **8265 GROSSSTEINBACH**
Telefon: 03386/7308
Mitglied: g.g.A.
Produkte: Kernöl, Speisekürbiskerne, Knabberkerne, biologischer Apfelessig

HEIDENBAUER MARIA (47)

Inhaber: Maria **HEIDENBAUER**
Adresse: Peintstraße 260, **8311 HARTMANNSDORF**
Mitglied: g.g.A.
Produkte: Kernöl, Apfelsaft

HERGL FRANZ UND ROSA (48)

Inhaber: Franz und Rosa **HERGL**
Adresse: Siebing 9, **8481 WEINBURG**
Telefon: 03472/8209, **Fax:** 03472/8209
Mitglied: g.g.A.
Produkte: Kernöl, Knabberkerne

HERMANN KARL UND HERMINE (49)

Inhaber: Karl und Hermine **HERMANN**
Adresse: Hatzendorf 66, **8361 HATZENDORF**
Telefon: 03155/2118
Mitglied: g.g.A.
Produkte: Kernöl, Bauernschnaps, Gärmost

HOFLADEN HIRSCHMANN (50)

Inhaber: Sabine und Leo **HIRSCHMANN**
Adresse: Muggendorf 4, **8345 STRADEN**
Telefon: 03473/8348, **Fax:** 03473/8348
Mitglied: g.g.A.
Produkte: Kernöl, Knabberkerne – gesalzen, geröstet, natur, Marmeladen, Liköre, Wein, Schnäpse, Käferbohnen
Öffnungszeiten: täglich
Besonderheiten: „Wir bieten unseren Kunden einen streßfreien Einkauf direkt beim Erzeuger. Dadurch können Sie jede Information über jedes Produkt direkt von uns und 100%ig erhalten" – so steht es im Info-Blatt geschrieben. Der Bauernhof liegt 2 km nordöstlich vom malerischen Ort Straden, umgeben von Kürbis- und Maisfeldern und Weingärten. Sie können ihn gut per Auto oder Fahrrad erreichen (Ra 8). Die Felder und Gärten (Wein, Kürbis und Streuobst) bearbeiten sie streng nach den integrierten ökologischen EU-Richtlinien, und sichern durch die Art der Bewirtschaftung den Lebensraum der vom Aussterben bedrohten Blauracken.

FAM. HIRT (51)

Inhaber: Fam. **HIRT**
Vulgoname: Messner
Adresse: Herbersdorf 35, **8510 STAINZ**
Telefon: 03463/2301, **Fax:** 03463/2301
Mitglied: g.g.A., Schilcherlandspezialitäten
Produkte: Kürbiskernöl, Kürbisknabberkerne (natur, gesalzen und geröstet), Apfelsaft, Apfelmost, Williamsbirnennektar, Edelbrände, Liköre, Äpfel und Birnen andere Produkte der Mitglieder der Schilcherlandspezialitäten
Öffnungszeiten: täglich
Verkaufsstellen: Flascherlzug Stainz, Strohmaier (Rassach)
Zufahrt: Von Stainz Richtung Preding, über die Bahngeleise, ca. 4 km nach Herbersdorf, die zweite Gemeindestraße rechts, dann wieder rechts in die Apfelstraße bis zum Hof (Beschilderung)
Besonderheiten: Man glaubt in einem Freilichtmuseum zu sein, so gepflegt und schön ist dieses Hofensemble. Außerdem besticht die Blütenpracht des Gartens und die Anlage rings ums Haus. Das Werk von Mutter und Tochter. In der Mitte des Hofes steht der alte Birnbaum aus dem Jahre 1934 mit der Sorte „Die gute Luise". Umgeben ist der Hof von Obst- und Kürbisfeldern, denn auch hier setzte man nach der Viehwirtschaft in den 50ern auf Kürbis und Obst. Der „Messnerhof" ist seit 300 Jahren im Familienbesitz und gehörte einmal zum Schloß Herbersdorf. Der weststeirische Stil des Hofes samt Nebengebäuden blieb erhalten. In der über 200 Jahre alten Getreidekammer, einem Holzhaus, ist der geschmackvolle Verkaufsraum untergebracht. Zur Dekoration steht ein „Strohweibel" mit einem Kürbis als Kopf davor.

HOFER JOHANN UND ERNA (52)

Inhaber: Johann und Erna **HOFER**
Adresse: Dietzen 32, **8492 HALBENRAIN**
Telefon: 03476/3708, **Fax:** 03476/3708
Mitglied: g.g.A., Gutes vom Bauernhof
Produkte: Kernöl, Knabberkerne – natur und geröstet, Apfelsaft – naturbelassen, Geschenkpackungen

FAM. HOFER (53)

Inhaber: Karl und Astrid **HOFER**
Adresse: Gersdorf a. d. F. 77, **8212 PISCHELSDORF**
Telefon: 03113/2443
Mitglied: g.g.A.
Produkte: Kernöl, Knabberkerne, Freilandeier, Apfelsaft, Gärungsessig, Marmeladen, verschiedenes Obst nach Saison

HOLL WILLIBALD UND ANNELIESE (54)

Inhaber: Willibald und Anneliese **HOLL**
Vulgoname: Nebauer
Adresse: Pichla 23, **8481 WEINBURG**
Telefon: 03472/8222, **Fax:** 03472/8222
Mitglied: g.g.A., Grüne Börse – Radkersburg
Produkte: Kernöl, Most, Mostessig, Aufstriche, Bratwürstl, Hauswurst, Kübelfleisch, Selchfleisch, Selchwürstl, Frischfleisch alle 14 Tage (Do), Geschenkkörbe für jeden Anlaß und jede Preisklasse, Kalte Platten
Öffnungszeiten: täglich, Verkostungen nach Vereinbarung
Zufahrt: A9 – Abfahrt Gersdorf, nach Lichendorf, Weitersfeld, bei der Kreuzung links, geradeaus weiter bis Hainsdorf, bei der Kreuzung nach Pichla, auf der rechten Seite – Ortspostkasten am Stallgebäude (Beschilderung)
Besonderheiten: Mitten im gepflegten ruhigen Straßendorf liegt der sauber hergerichtete Bauernhof. Am Stallgebäude ist der Ortsbriefkasten und bei der Blumenampel steht Ab-Hof-Verkauf. Mit Mundpropaganda begannen sie vor 3 Jahren mit der Direktvermarktung. „Wenn Sie Schwein haben wollen, finden Sie die Bauernspezialitäten beim Holl Willi." Der Hausherr hat so manche Ideen im Hinterkopf. Ein Hoffest im Herbst. Nachdem der Most im Hause ist, läge eine Mostschank nahe.

HUBER – GUT MÜNICHHOF (55)

Inhaber: Alexander **HUBER**
Adresse: Södingberg 2, **8152 STALLHOFEN**
Telefon: 03142/8455, **Fax:** 03142/8455
Mitglied: g.g.A.
Produkte: Kernöl

HUBMANN MARIA UND FRANZ (56)

Inhaber: Maria und Franz **HUBMANN**
Vulgoname: Hötsch
Adresse: Inzenhof 28, **8412 ALLERHEILIGEN b. Wildon**
Telefon: 03182/8503, **Fax:** 03182/8503
Mitglied: Gutes vom Bauernhof
Produkte: Kernöl, Eier, Geselchtes, Hauswürstl, Karree, Schinkenspeck, Selchwürstl, Blut- und Breinwurst, Sulz, Leberaufstrich, Grammelfett, Verhackert, Frischfleisch

(Do am Nachmittag), Geschenkkörbe, Platten und Buffets auf Bestellung
Öffnungszeiten: täglich
Verkaufsstellen: Bauernmarkt Wildon
Zimmer: 2 Doppelzimmer, Urlaub am Bauernhof
Zufahrt: A9 – Abfahrt Wildon, über die Eisenbahngeleise und Murbrücke Richtung Allerheiligen, nach wenigen Kilometern links, Richtung Fernitz, Graz. Das erste Haus bei der Ortstafel Inzenhof.
Besonderheiten: Nahe der Josef-Krainer-Gedenkstätte liegt der gepflegte Bauernhof mit dem Wohnhaus aus 1850, den Streuobstwiesen und den Feldern rund ums Haus. Den Urlaubsgästen steht ein Fischteich zur Verfügung. Stall- und Hofbesichtigungen sind möglich, wo es neben Schweinen und Hasen auch den Haushund Rex und die Katze Pfeiferl gibt. Im appetitlichen Verkaufsraum werden mit Begeisterung die begehrten Platten und Körbe gemacht. Im Familienbetrieb helfen alle mit, samt einer Tochter, die mit Leib und Seele Bäurin ist.

FAM. HUHS (57)

Inhaber: Fam. **HUHS**
Adresse: Vogau 333, **8472 VOGAU**
Telefon: 03453/2621, **Fax:** 03453/2621-4
E-mail: huhs.kuerbiskernoel@netway.at
Mitglied: g.g.A.
Produkte: Kernöl, Altsteirischer Apfelessig, verschiedene Kürbiskernprodukte
Öffnungszeiten: täglich

Zufahrt: A9 – Abfahrt Vogau/Straß, nach dem ersten Kreisverkehr wenige Meter Richtung Ehrenhausen, links, der erste Hof rechts (Beschilderung)

Besonderheiten: Das lachende Kürbisgesicht am Plakat zeigt die Freundlichkeit und Offenheit der Inhaber. Diesen landwirtschaftlichen Besitz aus dem vorigen Jahrhundert hat Frau Luise mit ihrem Mann 1979 von den Eltern übernommen. Der Hof wurde 1979 renoviert,

samt dem schönen Giebelstadel. Da die Äcker im Wasserschutzgebiet sind und einer ständigen Kontrolle von Wasser und Boden unterliegen, ist eine Fruchtfolge selbstverständlich, z.B. zwischen Getreide und Kürbis. Beim Anbau von Sojabohnen gehörte die Familie Huhs zu den Pionieren. Das pannonische Klima der Region machten sie sich zu Nutze und stellten den Betrieb im Jahre 1985 auf den Anbau von Ölkürbis um, mit einer Anbaufläche von ca. 17 ha. Ein weiteres Standbein sind die Streuobstanlagen mit alten und neuen Apfelsorten. Eine Spezialität daraus ist der Apfelessig, der in alten Eichenfässern reift. Der dickste Freund des Hausherrn „Sepp ist der Bepo", gemeint ist der *cucurbita pepo styriaca* – der Steirische Ölkürbis. Wie er meint „ein kleiner Betrieb, der auf Qualität setzt". Es wird so naturnah, wie möglich gearbeitet und auf Ertragsbegrenzung geachtet. Die grünen Kürbisse werden im Herbst den Kunden geschenkt. Die Kürbisblüten verwendet der Genießer und Hobbykoch selbst. Zur „Kürbisfamilie" gehört der Hund Cäsar, die tüchtige Frau Luise, Sohn Michael und Tochter Romana. Sie ist als landwirtschaftliche Facharbeiterin zur Hofübernahme vorgesehen, doch im Moment in der Politik sehr beschäftigt. Übrigens Essig und Kernöl von Huhs haben ein Gesundheitszertifikat. Auch auf Messen ist die Familie aktiv. Der umtriebige Exbürgermeister ist voller Ideen und überlegt neue zukunftsorientierte Projekte.

HÜTTER MANFRED UND GABRIELE (58)

Inhaber: Manfred und Gabriele **HÜTTER**
Adresse: Waltra 27, **8354 ST. ANNA A. AIGEN**
Telefon: 03158/2262, **Fax:** 03158/2262
Mobiltelefon: 0664/2347508
Produkte: Kernöl, Wein, Trauben- u. Apfelsaft; Postversand
Öffnungszeiten: Mo–Fr von 7.00–15.00 Uhr
Buschenschank: 1. April bis 30. Oktober, durchgehend 9.00–22.00 Uhr geöffnet
Zimmer: Urlaub am Bauernhof
Besonderheiten: Kommentierte Weinverkostung, Weingarten- und Kellerführungen

FAM. JAUK (59)

Inhaber: Fam. **JAUK**
Vulgoname: Pommer
Adresse: Brunn 11, **8544 PÖLFING-BRUNN**
Telefon: 03465/2443, **Fax:** 03465/2443-4

Mitglied: g.g.A., Schilcherland-Spezialitäten
Produkte: Kernöl, Knabberkerne, Schilcher, Schilchersekt, Weißburgunder, Edelbrände, Fruchtsäfte, Schilcherweingelee, Geschenkkörbe, Tiffanyflaschen, Schilcheressig und Kernöl im Doppelpack
Öffnungszeiten: Mo–Sa, So auf Voranmeldung
Zufahrt: A9 – Abfahrt Wildon, Gleinstätten, Richtung Wies, in Pölfingbrunn nach Post und Bäckerei rechts, dann links (Beschilderung)
Besonderheiten: Vor 20 Jahren begann der Vater mit dem Schilcherweinbau, seit einem Jahr gibt es hier keine Schweine mehr, nur mehr Wein und Kernöl. Die Weingärten befinden sich in den umliegenden besten Lagen. Auf qualitätsvolle und gehobene Weinkultur wird hier Wert gelegt. Mitten im Ort liegt der Betrieb mit einem geschmackvollen Verkaufs- und Verkostraum, im ehemaligen Rinderstall. Im Gewölbe weißgetüncht, mit alten Holzmöbeln ausgestattet, werden Wein und Kernöl präsentiert. Besonders originell sind die „Zwillinge" – Kernöl und Essig ausgestellt. Beim Tag der offenen Kellertüre gab es zum Wein Kernölspeisen, von der Kernöleierspeise bis zum Kürbiskern-Kuchen. Das Motto war „Wein und Kürbis". Die Dekoration bestand aus Speise- und Zierkürbissen. Charmant, engagiert und kompetent erzählt dies alles ein Sohn der fünf Kinder, der als Silbergabsolvent und nun Weinbau- und Kellermeister, in wenigen Jahren das Ruder übernimmt.

JAUK FLORIAN UND JOSEFA (60)

Inhaber: Florian und Josefa **JAUK**
Vulgoname: Nebelhans
Adresse: Schloßweg 45, **8530 DEUTSCHLANDSBERG**
Telefon: 03462/4431, **Fax:** 03462/2696-4
Mitglied: g.g.A., Schilcherlandspezialitäten
Produkte: Kernöl, weststeir. Qualitätsschilcher, Edelbrände, Säfte
Buschenschank: Mo, Do, Fr, Sa, So ab 14 Uhr

JAUK GERTRUDE (61)

Inhaber: Gertrude **JAUK**
Vulgoname: Wagnerpeter
Adresse: Michlgleinz 15, **8522 GROSS ST. FLORIAN**

Telefon: 03464/2781
Mitglied: g.g.A., Schilcherland Spezialitäten
Produkte: Kernöl, Knabberkerne, Freilandeier; Postversand
Öffnungszeiten: täglich
Verkaufsstellen: im Flascherlzug in Stainz mit den Schilcherlandprodukten
Zufahrt: A9 – Abfahrt Wildon, am Waldschacherteich vorbei, nach ca. 4 km rechts ab nach Michlgleinz, vor der Ortsendetafel bei einem hohen Bretterzaun rechts, bis zum Ende der Straße zum Bauernhof.
Besonderheiten: Ein ruhig und idyllisch gelegener Bauernhof mit einem romantischen, von Blumen „übersäten" Wohnhaus. Die Laube lädt zum Verweilen ein. Hier schaltet und waltet die tüchtige Frau Gertrude, die ihre vier Kinder ganz alleine großgezogen hat. Ein Sohn ist noch im Nebenerwerb zu Hause. Trotz der vielen Arbeit ist sie Gemeindebäurin und im Gemeinderat tätig, sammelt Rezepte und kocht mit den Ortsbäurinnen in den Wintermonaten. Eine dynamische Frau, die auf der Suche nach neuen Vermarktungsmöglichkeiten ist. Ihren zufriedenen Stammkunden ist sie auch bereit, das Kernöl zu schicken.

FAM. KAGER (62)

Inhaber: Fam. **KAGER**
Adresse: Regerstätten 6, **8160 WEIZ**
Telefon: 03172/2743
Mitglied: g.g.A.
Produkte: Kernöl, Apfelsaft, Apfelmost, Essig, Edelbrände

KALCHER JOSEF UND RENATE (63)

Inhaber: Josef und Renate **KALCHER**
Adresse: Schachen 12, **8212 PISCHELSDORF**
Telefon: 03113/2234
Mitglied: Ernte, Kulinarium
Produkte: Kernöl, Knabberkerne, Getreideprodukte, Kartoffel, Milch, Brot, Freilandeier, Chinakohl, Salatwürze, Geschenkkörbe (auf Bestellung). Im Hofladen: Produkte von 10 anderen Bio-Bauern, wie: Honigprodukte, Nudeln, Tee, Käse, Marmeladen, Gemüse, Obst, Dauerfleischwaren
Öffnungszeiten: Fr 9–19, Sa 9–12 Uhr oder tel. Vereinbarung
Zufahrt: Von Graz die B 54 Richtung Hartberg, in Pischelsdorf bei der Tankstelle rechts Richtung Großsteinbach, ca. 2 km bis zum Hof links (Hoftafel-Beschilderung)
Besonderheiten: Als Vollerwerbslandwirte bewirtschaften Renate und Sepp Kalcher mit ihren 7 Kindern seit 1989 den Hof. Auf ihren Äckern bauen sie neben Kürbis und Dinkel, Weizen, Roggen, Hafer, Gerste, Erdäpfel und Chinakohl an. Sie backen fünf verschiedene Brotsorten wie Roggen-, Kürbiskern-, Sonnenblumen-, Dinkel- und Johannisroggenbrot, wobei das Getreide immer frisch vermahlen und sofort verarbeitet wird. Kinder freuen sich über die Kühe und Schweine, die artgerecht in Laufställen leben und sich auch in der frischen Luft bewegen. Katzen, Enten, Hühner und Hasen tummeln sich auf dem Hof. Sandkiste, Spielgeräte und ein Baumhaus gibt es für die kleinen Kinder. Für alle, denen gesunde Ernährung aus biologischem Landbau wertvoll geworden ist, bietet die Familie Kalcher Produkte, die im Einklang mit der Natur und einer umweltgerechten Landwirtschaft stehen.

OBSTHOF MOSER (64)

Inhaber: Fam. **KAPUN**
Vulgoname: Obsthof Moser
Adresse: Großwalz 81, **8463 LEUTSCHACH**
Telefon: 03454/6402, **Fax:** 03454/6402-4
Mobiltelefon: 0676/4877616
Mitglied: Gutes vom Bauernhof

Produkte: Kernöl, Apfelessig, Honig, Apfelsaft, Weichselkonfitüre, Edelbrände: Bergbirne auf Dörrbirne gelagert, Bergbirne, Kranewit, Maschansker, Jonagold, Noah, Calvados, Kümmel, Obstler; Liköre: Weichsel-, Himbeer-, Nuß-, Holunder- und Ribisellikör (Bauernladen)
Öffnungszeiten: täglich
Zufahrt: A9 – Abfahrt Vogau/Straß, über Gamlitz nach Langegg, vor der Grenze rechts Richtung Leutschach, Arnfels, nach einigen Kilometern links die Panoramastraße, der Beschilderung Moserhof zum danebenliegenden Hof. Anfahrt auch über Leutschach möglich.
Besonderheiten: Der Selfmademann Hugo, der alles anpackt und kann, beeindruckt als Original in der Grenzregion. Hugo, Maria, Peter, Stefan und Ruth sind ein richtiges Team, denn mit „der richtigen Frau und tüchtigen drei Kindern" ist alles zu schaffen, meint der Hausherr. Der Familienbetrieb liegt 6 km südlich von Leutschach an der südsteirischen Panoramastraße. Auf einer waldreichen Erhebung, mit herrlichem Ausblick reifen erlesene Früchte. Die Endprodukte werden im hauseigenen Bauernladen präsentiert. Im Jahre 1983 erfolgte die Hofübernahme durch Herrn Hugo, der das

Gehöft völlig verändert hat. Die Wende in der Produktion hat auch ein Produkt namens „Die Wende" – ein Destillat der Bergbirne auf Dörrbirne zur Jahrtausendwende, zeitgerecht, hervorgebracht und mehrfach prämiert. Die Kürbisse sind Sache der Frau und ihre Spezialröstung der Kerne ist das Geheimnis des Hofes. Eine kulinarische Wanderung zum Hof ist in Planung, den Erlebnishof gibt es schon hier. Im Inneren der Scheune ist ein Präsentationsraum mit einer Original Bauernstube samt Einrichtung aufgebaut. Der andere Teil ist der Schaubrennerei gewidmet, denn für Kunden gibt es natürlich gratis Verkostungen. Der Hausherr kreiert mit seinem Sohn, Wetzawinkelabsolvent, nach alten Hausrezepten die Edelbrände. Ein „offenes Gästebuch" gibt es nur hier, denn an den Kacheln der Brennerei haben sich die Gäste verewigt. Auf der danebenliegenden Landkarte markieren die Besucher ihren Herkunftsort mit Stecknadeln. Das imposante Original Hugo pflegt alte Traditionen, ist offen für Neues und versucht in einigen Gremien wie auch in den Tourismus Schwung zu bringen. Wie die Sendung „Heimat" über die Grenzregion im Fernsehen beweist.

Sonstiges: Schaubrennerei

KASPER JOHANN (65)

Inhaber: Johann **KASPER**
Adresse: Krottendorf 7, **8522 KROTTENDORF**
Telefon: 03464/2250, **Fax:** 03464/2250
Mitglied: g.g.A.
Produkte: Kernöl, Knabberkerne

FAM. KATTER (66)

Inhaber: Fam. **KATTER**
Adresse: Wagendorf 50, **8423 ST. VEIT/VOGAU**
Telefon: 03453/4999
Mitglied: Gutes vom Bauernhof
Produkte: Kernöl, Knabberkerne, Dinkelmehl, Dinkelgrieß, Dinkelbrot, Bauernbrot, Bäuerliche Geschenkartikel (Postversand, Hofladen)

Öffnungszeiten: täglich
Zufahrt: A9 – Abfahrt Vogau/Straß, Richtung Bad Radkersburg, rechts nach St. Veit, wenige Meter, dann links beim Friedhof über eine Brücke nach Wagendorf ca. 1 km rechts an der Straße gelegenes rosa Haus mit Hofladenschild.

Besonderheiten: Sie sind Experten im ökologischen Landbau. Hier war die Krankheit der Weg. Durch Allergien einer Tochter kamen sie zum Umdenken. Sie beachten die Mondphasen und beizen ihre Kerne mit Bachblüten. Die Kürbisse wachsen ohne Spritzmittel auf Äckern, auf denen schon seit vielen Jahren eine mehrfache Fruchtfolge eingehalten wurde. Mit einer besonderen Setzmaschine, die von Hand betätigt wird, kommen die vorgekeimten Kerne in die Erde. Die Idee dazu kam vom Kleinsten in der Familie. Auch ein selbstgebautes Hackgerät ist im Einsatz. Natürlich ist auch hier eine spezielle Ölmühle ihr Favorit, die die Kerne behutsam behandelt. Von den vier Kindern ist eine Tochter Floristin und dies kommt der zwar selbst äußerst geschickten Frau des Hauses zugute, denn ihre Stände fallen auf Messen auf, ebenso wie ihr Verkaufsgeschick. Nicht nur „im Kernöl" sind sie Meister, sondern auch ihr Bauernbrot ist sehr begehrt. Jeden Freitag wird aus eigenem Getreide im Holzofen Brot gebacken. Schon mit 18 Jahren hat Frau Katter diesen Bauernhof gepachtet, denn sie ist mit Leib und Seele Bäurin und läßt dies in ihre Produkte einfließen. Die ganze Familie steht zusammen und ist voll im Einsatz, wenn es um den ökologischen Landbau geht.

KERN HANS UND HELGA (67)

Inhaber: Hans und Helga **KERN**
Adresse: Siebing 30, **8481 WEINBURG**
Telefon: 03472/8388
Mitglied: g.g.A.
Produkte: Kernöl, Milch, Rindfleisch

KERNGAST ERICH UND GERTRUD (68)

Inhaber: Erich und Gertrud **KERNGAST**
Adresse: Seibersdorf 44, **8423 ST. VEIT A. VOGAU**
Telefon: 03453/2589
Mitglied: Gutes vom Bauernhof
Produkte: Kernöl, Knabberkerne, Dinkel (fallweise)
Öffnungszeiten: täglich
Zufahrt: A9 – Abfahrt Gersdorf, dann Richtung Mureck, nach ca. 2 km Wegweiser Richtung Seibersdorf, dort beim Sportplatz rechts, nach einem kleinen Wald rechts zum Bauernhof (Hinweisschild).
Besonderheiten: Hier ist der „Kern nicht nur Gast", sondern zu Hause. Bei diesem Hof waren früher ein Sägewerk, eine Mühle und eine Ölpresse. Es gibt bereits Pläne, die alten Gebäude zu revitalisieren, den Altarm der Schwarza zu aktivieren und ein Feuchtbiotop zu machen. Ein Ausbau des alten Gewölbestalles zu Repräsentationszwecken ist geplant. Drei Generationen leben am Hof. Die junge Familie hat noch ein zweites Standbein im Lehrberuf. Als Absolventin der landwirtschaftlichen Mittelschule Pitzelstätten ist Frau Gertrud Fachfrau in landwirtschaftlichen Belangen. Sie und ihr Mann haben Freude am bäuerlichen Produkt Kernöl und stehen voll hinter der schonenden Behandlung. Ihr Kunstinteresse ist überall spürbar und vor allem am speziellen Etikett des bekannten steirischen Künstler Gerald Brettschuh sichtbar. Zu einer Lieblingsbeschäftigung des Hausherrn gehört die Essigproduktion, an der er noch weiterfeilt.

KICKER JOSEF UND MARIA (69)

Inhaber: Josef und Maria **KICKER**
Adresse: Dorfstraße 33, **8430 LEITRING**
Telefon: 03452/71536
Mobiltelefon: 0663/9530324
Mitglied: g.g.A., Gutes vom Bauernhof
Produkte: Kernöl, diverse Selchwaren vom Schwein, Kübelfleisch, Verhackert, Selchwürste, Grammelaufstrich, Leberbrotaufstrich, Preßwurst, Sulz, Bauernbrot, Eier, Bauerngeschenkskorb, kulinarische Geschenkartikel, Steirisches Buffet, kalte Platten, Frischfleisch alle 3 Wochen
Öffnungszeiten: Mo bis Sa von 7.00–9.00 und 18.00–20.00 Uhr
Zufahrt: A9 – Abfahrt Leibnitz, Richtung Leibnitz auf der Bundesstraße 67, links nach Schloß Retzhof, weiter zur Hollerschmiede, daneben das Wohnhaus, dahinter der Bauernhof.
Besonderheiten: „Ein Bauernhof mit Zukunft", so scheint das Motto dieser Familie zu sein, die seit 8 Jahren als Direktvermarkter tätig ist. Verkauft wird zur Zeit vom Wohnhaus aus. Der Bauernhof, in dem die Eltern wohnen, liegt dahinter. Die fröhliche Frau Kicker stammt selbst von einem Bauernhof, wurde Krankenschwester und heiratete. Nach 3 Kindern war der Wiedereinstieg ins Berufsleben nicht so einfach. So begann sie mit der Direktvermarktung. Ihr Mann, obwohl seit 20 Jahren im

Bankgeschäft, übernahm den elterlichen Bauernhof. Er war und ist mit Begeisterung Bauer und wird dies ab dem Jahre 2000 auch im Vollerwerb sein. Sie haben sich durch Mundpropaganda einen Namen gemacht. Zu Beginn der Jahrtausendwende wird der Verkauf im renovierten Bauernhof sein – mit Hofladen, Koststüberl und Streichelzoo. Ein Bauernhof zum Anfassen. Alte Kutschen, Kaleschen aus der Kaiserzeit und so manches vom Dachboden soll mit Erklärungen versehen, ausgestellt werden. In der Nähe von Wald und Teich wird ein interessantes Ausflugsziel mit Erlebniseinkauf für Eltern und Kinder entstehen.

KICKMAIER FRIEDRICH UND MARIA (70)

Inhaber: Friedrich und Maria **KICKMAIER**
Vulgoname: Melchart
Adresse: Guggitzgraben 36, **8081 HEILIGENKREUZ AM WAASEN**
Telefon: 03134/2432, **Fax:** 03134/2432
Mitglied: g.g.A.
Produkte: Kernöl, Knabberkerne, Obstler, Apfelsaft, Eier
Öffnungszeiten: täglich
Zufahrt: Von Graz die Bundesstraße 73 über Hausmannstätten, über Prosdorf, links Richtung Kirchbach, nach ca. 500 m nach einer Brücke rechts, Richtung Pirching, an Bauhof und Tennisplatz vorbei bis zur Kurve mit dem Schild Pirching/Traunberg. Dort direkt in den Hof.

Besonderheiten: Das Leben am Bauernhof wird von Frau Kickmaier oft Schulkindern vorgeführt, die zur Besichtigung gerne hierher kommen. Eine Bäurin, die nie stehen bleibt und auch als Ortsbäurin engagiert ist. Sie will den Direktverkauf noch weiter ausbauen und je nach Saison, mit einem Kühlwagen ausgestattet, verschiedene Produkte verkaufen. So wie jetzt schon das Kernöl nach Deutschland oder Amerika vermarktet wird, natürlich nur in kleinen Mengen über Bekannte. Brot backt sie im Moment nur für die Familie, wie auch die bei den Kindern begehrten Kürbiskernweckerl. Dies alles geht nur gemeinsam mit ihrem Mann. Er ist als Nebenerwerbsbaueräußerst geschickt im Handwerklichen. Er ist voller Ideen und flexibel. Mit 48 Jahren lernte er noch den Beruf des Hafners. Im Moment reift gerade ein Projekt, „Labestation" für Reiter zu werden. Zusätzlich beschäftigt sich die Hausfrau an den langen Winterabenden im Rahmen einer Frauenrunde mit Handarbeiten und Basteleien.

KIEN GERTRUDE (71)

Inhaber: Gertrude **KIEN**
Adresse: Berndorf 3, **8324 KIRCHBERG A. D. R.**
Telefon: 03115/4231
Mitglied: g.g.A.
Produkte: Kernöl

KLAMPFER WILLIBALD (72)

Inhaber: Willibald **KLAMPFER**
Adresse: Gussendorf 55, **8522 GROSS ST. FLORIAN**
Telefon: 03464/8747
Mitglied: g.g.A.
Produkte: Kernöl, Rindfleisch

FAM. KOCH (73)

Inhaber: Fam. **KOCH**
Vulgoname: Dirnböck
Adresse: Gleinstätten 76, **8443 GLEINSTÄTTEN**
Telefon: 03457/2202
E-mail: franz.koch@stsnet.at

Mitglied: g.g.A., Gutes vom Bauernhof

Produkte: Kernöl, Knabberkerne – orange-dragiert, geröstet, gesalzen und vakuumverpackt, Keramik, Ölkrüge, Kleinkunsthandwerk von Partnerbetrieben, Weine, Edelbrände, Säfte, Kräutertees, Getreide aus biologischem Anbau, Marmeladen, Honig, Essig, sauer Eingelegtes

Öffnungszeiten: tägl. außer So

Verkaufsstellen: München – Pannonia, Demmerkogel – Hochbrudersegg (Gerngross)

Zimmer: 2 Doppelzimmer

Zufahrt: A9 – Abfahrt Leibnitz nach Gleinstätten, am Ortsbeginn links (Beschilderung)

Besonderheiten: Ein gepflegtes Wohnhaus um die Jahrhundertwende und ein gediegener Bauernladen im ehemaligen Viehstall begrüßen die Besucher. Mit dem Vieh hörte man auf, die Kürbisäcker blieben und seit über 20 Jahren wird hier Direktverkauf betrieben. Mit dem Hofladen wurde im Jahre 1992 begonnen, die Komfortzimmer kamen bald darauf. Es ist der Bauernladen der Frau, meint Herr Koch, der als Lehrer beschäftigt ist. Neben den Weinlandspezialitäten fertigt Frau Koch auch Geschenkkörbe und Kisterl. Eine ständige Einrichtung sind die Aquarell- und Ikonenaustellung heimischer Künstler. Gespannt sein darf man auf den zukünftigen Altwaren- und Kleinmöbelverkauf im Koststüberl.

KOHL GRETE UND WALTER (74)

Inhaber: Grete und Walter **KOHL**

Adresse: Leitersdorf 8, **8330 FELDBACH**

Telefon: 03152/2693

Mitglied: g.g.A.

Produkte: Kernöl, Knabberkerne, Rapsöl, Vollkornbrot, Vollkornwekkerl, Saisonware: Erdbeeren, Himbeeren

Besonderheiten: landwirtschaftlicher Meisterbetrieb

KOLAR RENATE UND JOSEF (75)

Inhaber: Renate und Josef **KOLAR**

Vulgoname: Forstbauer

Adresse: Goldes 32, **8452 GROSSKLEIN**

Telefon: 03456/2671, **Fax:** 03456/2671

Mobiltelefon: 0664/1022066

Mitglied: Gutes vom Bauernhof

Produkte: Kernöl, Birnen, Birnennektar, Edelbrände. Auch Versand.

Öffnungszeiten: täglich

Zufahrt: A9 – Abfahrt Leibnitz nach Großklein, in der Ortsmitte nach Kleinklein, beim Gasthaus links der Beschilderung nach, weiter rechts den Berg hinauf bis zum Hof

Besonderheiten: Ein alteingesessener Bauernhof mit Schweinen, Hühnern und Katzen, setzt seit der Übernahme der Jugend auf Kernöl und Edelbrände. Die Jugend hat übernommen und in einem geschmackvollen neuen Wohnhaus wird Direktvermarktung betrieben. Ein Verkaufsraum ist im nostalgischen alten Stallgebäude in Planung. Die Spezialität des Hauses ist die „Besoffene Birne" – aus Birnennektar, Zucker und Edelbrand – angeblich ein beliebtes Frauengetränk. Der Jungbauer hat sich als zweites Standbein ein Erdbauunternehmen aufgebaut. Seine Frau hat er in die Kunst des Schnapsbrennens eingeweiht und die „Power-Kurzhaarfrau" bewältigt das Schnapsbrennen samt der Stallarbeit bestens.

FAM. KÖLBL (76)

Inhaber: Fam. **KÖLBL**
Adresse: Leitersdorf 15, **8504 PREDING**
Telefon: 03185/2565
Mitglied: g.g.A.
Produkte: Kernöl

KÖLBL WERNER UND JASMIN (77)

Inhaber: Werner und Jasmin **KÖLBL**
Adresse: Hauptstraße 89, **8142 WUNDSCHUH**
Telefon: 03135/56353
Mitglied: g.g.A.
Produkte: Kernöl, Knabberkerne (auch im Geschenkkarton), Kartoffel, Kraut, Chinakohl

FAM. KOLLER JOHANN (78)

Inhaber: Johann **KOLLER**
Adresse: Weinberg 78, **8350 FEHRING**
Telefon: 03155/3414
Mitglied: g.g.A.
Produkte: Kernöl, Knabberkerne, Apfelessig, Qualitätsweine

KOLLER JOHANN UND THERESIA (79)

Inhaber: Johann und Theresia **KOLLER**
Adresse: Krennach 99, **8312 OTTENDORF**
Telefon: 03114/2120
Mitglied: g.g.A.
Produkte: Kernöl, Knabberkerne

KÖNIG ANTONIA (80)

Inhaber: Antonia **KÖNIG**
Vulgoname: Gaberlhof
Adresse: Schrötten 2, **8411 HENGSBERG**
Telefon: 03185/2214, **Fax:** 03185/2214
Mitglied: g.g.A., Gutes vom Bauernhof
Produkte: Kernöl, Knabberkerne, Geschenkkassetten und -körbe (auf Bestellung). Auch Versand möglich! Im Hofladen auch Schilcher, Honig, Essig
Öffnungszeiten: täglich
Zufahrt: A9 – Abfahrt Wildon, Richtung Preding, in Schrötten rechts, wenige Meter neben der Bundesstraße zum Hof (Beschilderung)
Besonderheiten: Eine energiegeladene und couragierte Frau macht aus dem Gaberlhof natürlich mit ihrem Mann gemeinsam den „Kürbis-König". Diese Marke hat sie vor kurzem kreiert. Im Jahre 1973 begann Herr König als erster in dieser Gegend mit dem Kürbisanbau

in Reihen, früher wurde in Schöpfen gesetzt. 1990 gelang der Einstieg in die Direktvermarktung. Die Forcierung des Versandes und Exportes in die BRD und Schweiz waren die nächsten Ziele. Sie wollte irgendetwas mit Kernöl machen und durch die Schulung zur Lebensmittelberaterin kam sie auf die Idee, den alten aber schönen Stall sinnvoll zu nutzen. Ihr Projekt beinhaltet einen Kürbisschaugarten, Einblicke in die Kürbiskultur und Verarbeitung mit einer Diashow und einer Kürbiskuchl mit Schaukochen. Alles soll hör-, seh-, riech- und schmeckbar sein. Auch als Regenwetterprogramm gedacht. Sie selbst stammt auch aus einer Bauernfamilie, hat fünf Kinder und ihr Motto ist: „Wer aufhört, daran zu arbeiten, besser zu werden, hört auf, gut zu sein." (Siehe Kernölkönigin)

FAM. KONRAD (81)

Inhaber: Fam. **KONRAD**
Adresse: Bahnhofstraße 3, **8401 KALSDORF**
Telefon: 03135/55755
Mitglied: g.g.A.
Produkte: Kernöl

KOSLOWSKI ELFRIEDE (82)

Inhaber: Elfriede **KOSLOWSKI**
Adresse: Speltenbach 25, **8280 FÜRSTENFELD**
Telefon: 03382/52952
Mitglied: g.g.A.
Produkte: Kernöl, Bauerngeselchtes, Selchwürstl, Wurstspezialitäten, Aufstriche, Edelbrände, Nußlikör

KOWALD JOSEF UND SOPHIE (83)

Inhaber: Josef und Sophie **KOWALD**
Vulgoname: Kulmer
Adresse: Kulmberg 73, **8412 ALLERHEILIGEN/Wildon**
Telefon: 03182/8281, **Fax:** 03182/8281
Mobiltelefon: 0664/1046218
Mitglied: g.g.A., Gutes vom Bauernhof
Produkte: Kernöl, Kürbiskerne mit Meersalz, Kürbiskerne karamelisiert, Kürbiskernsplitter, Osterschinken, Geschenkkassetten und -körbe, Brein-, Leber- und Dauerwurst, Selchwürstl, Frischfleisch, kalte Platten (Bestellung!) – Postversand

Öffnungszeiten: nach Vereinbarung
Verkaufsstellen: Vinothek, Heuriger
Zimmer: Urlaub am Bauernhof, Ferienwohnung
Zufahrt: A9 – Abfahrt Wildon, durch Wildon, über die Murbrücke, links nach Allerheiligen, ca. 1,5 km außerhalb, nach einem Waldstück rechterhand der Hof mit gelbem Haus (Schild)
Besonderheiten: Auf einem Hof, welcher schon öfter im Fernsehen gezeigt wurde und von vielen Exkursionen besucht wurde, leben die Kowalds. Umgeben von weiten Feldern verbirgt das bestens renovierte Haus von 1913 eine großzügige Ferienwohnung. Die Spezialisierung in der Landwirtschaft geht in Richtung Qualitätsfleischproduktion und um den Kürbis.

KRENN MONIKA UND MARTIN (84)

Inhaber: Monika und Martin **KRENN**
Vulgoname: Krennmüller
Adresse: Rettenbach 19, **8081 HEILIGENKREUZ a. W.**
Telefon: 03134/2462, **Fax:** 03134/2462
Mitglied: g.g.A., Gutes vom Bauernhof
Produkte: Kernöl, Knabberkerne (geröstet und gesalzen), eingelegtes Gemüse, Sauerkraut, Geselchtes, Selchwürstl, Brat-, Blut- und Preßwurst, Grammelaufstrich, Verhackert, Schmalz, Freilandeier, Frischfleisch (Fr am Nachmittag) – auch nach Vereinbarung, Grill-Spezialität: „Rettenbacher Schnitte" (Hauszustellung)
Öffnungszeiten: Freitagnachmittag, sonst nach Vereinbarung
Zufahrt: Von Graz die B 73 Richtung Feldbach in Prosdorf (Bäckerei Teschl), 800 m Richtung Feldbach, dann links nach Rettenbach, ca. 3 km geradeaus, dann Schild: „zu den Häusern …" links, der zweite Hof rechts (Beschilderung)
Besonderheiten: Der Erbhof ist seit Generationen im Familienbesitz und der Name bis 1848 zurückzuverfolgen. Bis zum Jahre 1930 war hier ein Gewerbebetrieb, Schmiede, Getreide- und Ölmühle und Sägewerk und wurde mit Wasserkraft betrieben. Bis zum Jahre 1960 war der Hof in einer „Ruhephase", dann begann die Mutter aktiv zu werden. Aus der Not heraus fuhr die tüchtige Frau zuerst nur mit Gemüse auf den Kaiser-Josef-Markt nach Graz – 30 Jahre lang. Die Jugend geht andere Wege, das Marktfahren ist vorbei, bei vier Kindern nicht mög-

lich, daher gibt es den Verkauf ab Hof. Sie führen einen äußerst gepflegten Bauernhof, modernst eingerichtet, mit einem High-tech-Stall, wie ein Unternehmen. Auch beim Kernöl legen sie mit Arbeits- und Preßbuch Wert darauf, daß der Kunde alles nachvollziehen kann. Hier bekommt man Einblick in modernste Arbeitsweise, bei der alles genau eingeteilt ist, die Frauen im Stall, die Felderbewirtschaftung. Der begeisterte Bauer ist innovativ, diskutiert gerne und geht auch mit seinen Produkten vor die Haustür. Wöchentlich besucht und beliefert er „Heurige“ in Wien und hat daher dort viele Kunden.

FAM. KUMPUSCH (85)

Inhaber: Fam. **KUMPUSCH**
Vulgoname: Sommer
Adresse: Ettendorf 18, **8510 STAINZ**
Telefon: 03463/2013, **Fax:** 03463/2013
Mitglied: g.g.A., Schilcherlandspezialitäten
Produkte: Kernöl, Knusper-Genuß, Freilandeier, hausgemachte Nudeln
Auf Bestellung: Germgebäck wie Kürbiskernweckerl, Buchteln, Schilcherweinstrauben
Öffnungszeiten: täglich
Verkaufsstellen: Schilcherlandbauernmarkt – Deutschlandsberg
Zufahrt: Von Stainz über den Hauptplatz bis zur Straßengabelung, links Richtung Ettendorfer Parkplatz ca. 4 km, beim Feuerwehrhaus geradeaus bis zum rechterhand gelegenen weißen Haus (Beschilderung)
Besonderheiten: Dieser Bauernhof befindet sich seit vielen Generationen im Familienbesitz, liegt im Ortsverband, mit den Feldern dahinter. Immer wieder versuchen sie neue Impulse für Mensch und Tier zu schaffen. Der letzte große Schritt war die Umstellung auf die Freilandhaltung von Hühnern. Bei ihrem Anwesen wurde eine Sammel- und Verpackstelle für alle Mitglieder der Freilandhaltung errichtet. Sie versuchen auch ihre Produktpalette ständig zu erweitern. Auch bei Buffets der Schilcherlandgruppe sind sie mit Mehlspeisen vertreten. Eine rührige Familie mit einer quirligen Schwiegertochter, die auf die Idee kam, beim Bauernmarkt mitzumachen. Sie ist ein Verkaufstalent und durch ihren früheren Beruf den Umgang mit Kindern gewöhnt. Der Hit des Hauses ist der „Schilcherland Knusper-Genuß“ nach einem Rezept von Katharina Pongratz. Eine luftige Sache mit Kürbiskernen, die Sie ausprobieren sollten. Auch die Kürbisapfelmarmelade der Tochter schmeckt köstlich.

KÜRBISCH ANNA UND FRIEDRICH (86)

Inhaber: Anna und Friedrich **KÜRBISCH**
Vulgoname: Kandlbauer
Adresse: Gleinstätten 38, **8443 GLEINSTÄTTEN**
Telefon: 03457/2334
Mitglied: Gutes vom Bauernhof
Produkte: Kernöl, Kürbiskerne, Knabberkerne, Kürbiskernstangerl, Rapsöl, Most, Eier, Apfel-, Birnen-, Traubenbrand, Kräuterschnaps, Geschenkkörbe, Germmehlspeisen (Bestellung)

Öffnungszeiten: täglich
Zufahrt: A9 – Abfahrt Wildon, nach Gleinstätten, beim Postamt links Richtung Groß St. Florian, wenige Meter links in den Hof (Beschilderung)
Besonderheiten: Sind die „Kürbis vom Kürbisch“ etwas besonderes? Am Ölhof Kürbisch scheint jedenfalls der Treffpunkt der Einheimischen und Campinggäste zu sein. Denn jeder hat so seinen individuellen Hofladen. Hier spielt sich alles in einem kleinen Raum im Wirtschaftsgebäude ab. Ein Küchenblock, gegenüber Regale mit Marmeladen, Kürbiskernen, Bohnen – dazwischen

ein kleiner Tisch und Sessel – wie in einem alten Kramerladen. Auch Schaukochen wird hier betrieben oder Knabberkerne frisch geröstet. Von der Kanne weg wird das Kernöl abgezapft, auch Bauern-Rapsöl – außer zu Salaten auch zum Backen, Braten und Dünsten verwendbar. Natürlich wird als Mitglied bei der SEG auch mit Rapsdiesel gefahren. Alles ist sehr persönlich, wie die handgeschriebenen Etiketten. Auf Bestellung werden bodenständige Germmehlspeisen zubereitet. Der Chef – der humorvolle Ökonomierat – obwohl in Pension, bekleidet noch prominente Funktionen.

FAM. KURZ (87)

Inhaber: Fam. **KURZ**
Adresse: Dobldorf 25, **8143 DOBL**
Telefon: 03136/52437
Mitglied: g.g.A.
Produkte: Kernöl, Käferbohnen

LAFER JOSEF (88)

Inhaber: Josef **LAFER**
Adresse: Edelsbach 12, **8332 EDELSBACH b. Feldbach**
Telefon: 03152/6136
Mitglied: g.g.A.
Produkte: Kernöl

FAM. LANGREITER (89)

Inhaber: Fam. **LANGREITER**
Adresse: Grafendorf 5, **8510 STAINZ**
Telefon: 03463/2673
Mitglied: g.g.A.
Produkte: Kernöl, Rindfleisch und Rindfleischprodukte (4mal jährlich auf Vorbestellung)
Öffnungszeiten: täglich

LEBER JOSEF (90)

Inhaber: Josef **LEBER**
Adresse: Dietersdorf 54, **8093 ST. PETER A. O.**
Telefon: 03477/2429
Mitglied: g.g.A.
Produkte: Kernöl

LEDERHAAS ERIKA (91)

Inhaber: Erika **LEDERHAAS**
Adresse: Gosdorf 170, **8482 GOSDORF**
Telefon: 03472/3128
Mitglied: g.g.A.
Produkte: Kernöl, Knabberkerne

FAM. LENZ (92)

Inhaber: Fam. **LENZ**
Adresse: Dirnbach 15, **8345 STRADEN**
Telefon: 03473/7107
Mitglied: g.g.A.
Produkte: Kernöl, Knabberkerne (natur, gesalzen, karamelisiert), Käferbohnen, Saisongemüse

FAM. LIEBMANN (93)

Inhaber: Fam. **LIEBMANN**
Adresse: Vogau 365, **8472 STRASS**
Telefon: 03453/2853, **Fax:** 03453/2853-4
Produkte: Kernöl

Öffnungszeiten: tägl. 8–12 Uhr, Hofladen

Zufahrt: A9 – Abfahrt Vogau/Straß, beim Kreisverkehr Richtung Spielfeld, nach wenigen Metern bei Minas-Markt rechts, nach wenigen Metern der Hofladen.

Besonderheiten: Früher war hier eine Hühnerfarm, doch dieses Modell ist ausgelaufen. Zur Zeit setzt die Familie fallweise Kürbisse an und kaufen Kerne zu, bei den Bauern, bei denen sie ernten – im Gegenwert für ihre Ernteleistung. Denn der Schwerpunkt liegt auf der Erntetechnik. Ihr Service ist die Ernte, Waschen, Trocknen und in Säcke füllen. Seit 30 Jahren entwickelt Herr Liebmann Erntemaschinen. Nach der Ernte werden das restliche Jahr die Maschine weiterentwickelt und letzte Erkenntnisse umgesetzt. Seine Frau meint humorvoll: „Einmal wird die Maschine fertig entwickelt sein". Doch beim Herrn „Konstrukteur" ist sicher schon das nächste Projekt im Kopf.

LIENDL EMMA (94)

Inhaber: Emma **LIENDL**

Adresse: Loedersdorf 31, **8334 LOEDERSDORF**

Telefon: 03152/6049

Produkte: Kernöl

LIENHART ANTON (95)

Inhaber: Anton **LIENHART**

Adresse: Matzelsdorf 7 a, **8411 HENGSBERG**

Telefon: 03182/2667, **Fax:** 03182/2667-45

Mitglied: Ernte, Gutes vom Bauernhof, Arge steirischer Kürbisbauern (Mureck)

Produkte: Kernöl, Knabberkerne, Apfelsaft, Käferbohnen, Maisgrieß (Polenta), verschiedene Getreidesorten

Öffnungszeiten: täglich

Verkaufsstellen: Bioläden in Wien und Mödling, ca. 25 Sparfilialen in der Steiermark

Zufahrt: A9 – Abfahrt Wildon, Richtung Groß St. Florian, in Matzelsdorf nach dem Gasthof Petershof links, das fünfte Haus (gelb) – Beschilderung

Besonderheiten: Als der dynamische junge Mann den elterlichen Betrieb übernahm, war die Bedingung Umstellung auf Bio – dies erfolgte im Jahre 1993. Zuvor war er in Wien in einer anderen Branche tätig, was ihm jetzt vor allem beim Vertrieb zugute kommt. Er versucht neue Wege zu gehen und ist Mitglied bei der Arge Steirischer Kürbisbauern in Mureck. Ein möglichst später Erntezeitpunkt der Kürbisse ist für ihn wesentlich für die Qualität des Kernöls. Das Waschen und Trocknen der Kerne wird im eigenen Betrieb durchgeführt. Günstig für den Verkauf ist die Nähe des Homöopathiezentrums von Dr. Wagner. Ein Hofladen wird ebenfalls überlegt.

LIENHART GERLINDE (96)

Inhaber: Gerlinde **LIENHART**

Adresse: Kehlsdorf 26, **8411 HENGSBERG**

Telefon: 03182/2085

Mitglied: g.g.A.

Produkte: Kernöl

LIPP WILHELM UND ROSA (97)

Inhaber: Wilhelm und Rosa **LIPP**

Vulgoname: Prommermichl

Adresse: Greith 2, **8542 ST. PETER I. S.**

Telefon: 03467/8643, **Fax:** 03467/8643

E-mail: prommermichl@styria.com

Mitglied: g.g.A., Schilcherlandspezialitäten

Produkte: Kernöl, Käferbohnen, Apfelsaft naturtrüb, Edelbrände (eigener Hofladen)

Öffnungszeiten: täglich
Verkaufsstellen: Handarbeitsstube Brigitte, St. Martin im Sulmtal
Zufahrt: A9 – Abfahrt Wildon, über Gleinstätten nach St. Martin zum Berghof rechts, danach rechts der erste Hof oder vor St. Martin in Aigen links zum Berghof.
Besonderheiten: Das originelle Türschild gibt schon Aufschluß über diesen Hof: Kürbis, Bohnen, das Vogerl für den Gesang und die Heilige Dreifaltigkeit. Kernöl und Käferbohnen passen gut zusammen und daher wird beides gerne gekauft. Für die Knabberkerne werden die großen Kürbisse mit der Hand geputzt. Daß die humorvolle Hausfrau Gedichte schreibt, wundert nicht, denn sie ist zudem noch äußerst schlagfertig. Als ich sie um ein Kernölgedicht frage, meint sie, ihr Kernöl ist ein Gedicht, da braucht man nichts dichten. Sie hat auch ihren Apfelsaft phantasievoll etikettiert, mit einer genauen Beschreibung. Neben Schweinen gibt es am Hof noch Schafe, deren Wolle selbst gesponnen und für die Familie verstrickt wird. Mit dem Schweinestall waren sie wegen artgerechter Tierhaltung schon in „Aufgegabelt in Österreich“ im Fernsehen. Früher gab es noch Kühe. Für die letzte Kuh wünschte sich die musikalische Bäurin eine Zither. Sie ist Chorleiterin eines Singkreises und die Leiterin eines Kinderchors, denn das Singen wurde ihr schon in die Wiege gelegt, meint sie. Sie sind bei einer Selbstvermarktergruppe dabei und bei der „Ölspur“. Gepräschsweise erfährt man, daß der Ehemann ein engagierter Vizebürgermeister ist – sein Hobby das Schnitzen.

LUTTENBERGER MARIANNE UND RUDOLF (98)

Inhaber: Marianne und Rudolf **LUTTENBERGER**
Adresse: Seibersdorf 19, **8423 ST. VEIT A. VOGAU**
Telefon: 03453/2459, **Fax:** 03453/2459
Mitglied: g.g.A., Gutes vom Bauernhof, AMA-Gütesiegelbetrieb
Produkte: Kernöl, Knabberkerne, Apfelsaft, Traubensaft, Edelbrände, Geschenkkörbe und -kisterl
Öffnungszeiten: täglich
Buschenschank: ganzjährig, Do – So
Innen 60 Pers., außen 40 Pers., 1 ha Weingarten
Zufahrt: A9 – Abfahrt Gersdorf, links Richtung Mureck, 1. Straße nach der Bahnübersetzung links, Richtung Seibersdorf. Beim Sportplatz und Fischteich vorbei, Rechtskurve, nach der Kreuzung rechts das 2. Haus auf der rechten Seite (vor der Kapelle)
Besonderheiten: Als Schweinezucht und Mastbetrieb sind sie schon lange bekannt. Die großen Kürbisfelder werden meist maschinell bearbeitet, aber gehauen wird noch mit der Hand. Seit einiger Zeit betreiben sie Direktvermarktung mit einem eigenen Hofladen. Um den Wein vom slowenischen Weingarten und „alles vom Schwein“ noch besser verwerten zu können, ist ab Herbst 1999 ein Buschenschank geplant. Neu sind dann das selbstgebackene Brot und der Aufstrich mit Kernöl und Kürbiskernen. Die energiegeladene Frau Marianne ist vielseitig interessiert und Neuerungen gegenüber aufgeschlossen. Ein sympathischer Familienbetrieb, der immer vorwärts strebt.

●

● ●

FAM. MAIER (99)

Inhaber: Fam. **MAIER**
Adresse: Pridahof 12, **8490 BAD RADKERSBURG**
Telefon: 03476/3096
Mitglied: g.g.A.
Produkte: Kernöl, Knabberkerne

MAITZ JOHANNA UND FERDINAND (100)

Inhaber: Johanna und Ferdinand **MAITZ**
Adresse: Risola 21, **8354 ST. ANNA A. AIGEN**
Telefon: 03158/2470
Mitglied: g.g.A.
Produkte: Kernöl, Knabberkerne, Geschenkflaschen

MAJCZAN JOSEF (101)

Inhaber: Josef **MAJCZAN**
Adresse: Sicheldorf 38, **8490 BAD RADKERSBURG**
Telefon: 03476/3321, **Fax:** 03476/3321-4
Mitglied: g.g.A.
Produkte: Kernöl, Knabberkerne, Zierkürbisse
Zimmer: Urlaub am Kürbishof

MANDL'S KÜRBISKERNPRODUKTE (102)

Inhaber: Fam. **MANDL**
Vulgoname: Scherr
Adresse: Nassau 8, **8522 GROSS ST. FLORIAN**
Telefon: 03464/2649, **Fax:** 03464/2649-4
Mitglied: g.g.A., Schilcherlandspezialitäten
Produkte: Kernöl, Knabberkerne
Öffnungszeiten: täglich
Zufahrt: A9 – Abfahrt Wildon, Richtung Gleinstätten, rechts durch Michlgleinz, bei der Abzweigung rechts nach Guglitz den Berg hinauf
Besonderheiten: Der Scheerhof liegt am Rande des Laßnitztales im weststeirischen Hügelland. Der heutige Betrieb vlg. Scherr ist auf dem Gelände des „Scherrnhof", welcher mit dem Erzbistum Salzburg um die Jahrtausendwende in Zusammenhang gebracht wurde. Von einer zungenförmigen Geländeerhöhung hat man eine gute Aussicht in das Laßnitztal. Hier wurden bei Verschubarbeiten Funde gemacht, die auf einen aufgeschütteten Schutzwall mit Pfählen und dahinterliegenden Beerdigungen deuten. Auch andere Funde wurden sichergestellt. Der 360 Meter über dem Meeresspiegel liegende Bauernhof wird seit unzähligen Generationen in Form eines land- und forstwirtschaftlichen Betriebes bewirtschaftet und trägt seit dem 18. Jahrhundert den Familiennamen Mandl. Der heutige Betrieb vlg. Scherr ist auf dem Gelände des „Scherrnhof", welcher mit dem Erzbistum Salzburg um die Jahrtausendwende in Zusammenhang gebracht wurde. Das jetzige Bauernhaus wurde

im Jahre 1857 erbaut. Die derzeitigen Besitzer Anton und Erika Mandl haben das Haus im Jahre 1972 saniert und umgebaut, die ursprüngliche Fassade wieder hergestellt und durch einen Vorbau im Erzherzog-Johann-Stil erweitert. Die Jahreszahl 1853 liest man am Giebel des Stall-Gebäudes, das später um- und zugebaut wurde. „Papa" Anton Mandl führt seit 1960 den Hof, hat sich in den letzten Jahren auf die Schweinemast spezialisiert hat und ist zuständig für Ackerbau, Waldwirtschaft und den Kürbiskernanbau. Seit zehn Jahren versteht sich der Betrieb zusätzlich auf das Veredeln von Kürbiskernen in Form von Knabberkernen in verschiedenen Geschmacksrichtungen und auf das Selbstvermarkten von Kürbiskernöl. „Mama" Erika Mandl ist verantwortlich für die Schweinezucht, Herstellen von Knabberkernen und Vermarkten von Kürbiskernöl. Sie fährt gerne auf Selbstvermarktermessen! „Junior“ Anton Mandl ist Vertragsbediensteter bei der Post, hat eine Ausbildung zum landwirtschaftlichen Facharbeiter und ist „Mädchen“ für alles. Er soll, wenn Papa und Mama in Pension gehen, den Hof einmal übernehmen. Edith, Brigitte und Bernadette Mandl wohnen noch alle zu Hause und helfen – meist – freiwillig mit.

MARKOWITSCH HANS UND HERMA (103)

Inhaber: Hans und Herma **MARKOWITSCH**
Vulgoname: Rossmann
Adresse: Altneudörfl 144, **8490 BAD RADKERSBURG**
Telefon: 03476/2839, **Fax:** 03476/2839
Mitglied: g.g.A.
Produkte: Kernöl, Knabberkerne geröstet oder natur, Apfelsaft, Traubensaft, „Heckenklescher – spezial“, Bauernbuffets (ins Haus geliefert)
Öffnungszeiten: täglich
Buschenschank: 30.4. bis 30.6. und 8.8. bis 5.9.
Besonderheiten: Ein besonders uriger Buschenschank, in einem liebevoll restauriertem Kellerstöckl, am Rande der Altstadt von Radkersburg gelegen. Eigene Bauernjause vom Feinsten und Buffets ab 10 Personen werden auch ins Haus geliefert. Ein Hausgeheimnis ist das Röstverfahren, das dem Kürbiskernöl von Markowitsch einen besonders intensiven Geschmack verleiht.

FAM. MITTENDREIN WALTER (104)

Inhaber: Walter **MITTENDREIN**
Adresse: Altenmarkt 32, **8280 FÜRSTENFELD**
Telefon: 03382/53720
Mitglied: g.g.A.
Produkte: Kernöl, Knabberkerne

FAM. MONSCHEIN ALOIS (105)

Inhaber: Alois **MONSCHEIN**
Adresse: Maggau 3, **8421 WOLFSBERG I. S.**
Telefon: 03184/2388, **Fax:** 03184/2388
Mitglied: g.g.A., Gutes vom Bauernhof
Produkte: Kernöl, Knabberkerne in 8 verschiedenen Sorten (Vanille, Zimt, Schoko, Minze, natur, gesalzen, Kaffee, Propolis), Geschenkidee: Steirisches Kürbisknabberkistl (Holzkistl mit allen 8 Sorten), Tonkürbis mit 4 Sorten Kürbiskernen; Zustellung nach Vereinbarung: Steiermark und Vorarlberg

MÖRTH FRANZ UND AURELIA (106)

Inhaber: Franz und Aurelia **MÖRTH**
Vulgoname: Pommer
Adresse: Oberfahrenbach 60, **8452 GROSSKLEIN**
Telefon: 03456/2260
Mitglied: Gutes vom Bauernhof, Südsteirische Harmonie
Produkte: Kernöl, Säfte, Edelbrände, Weine, Krapfen (fallweise)
Öffnungszeiten: täglich
Buschenschank: täglich, ganzjährig (ab Weihnachten 3 Wochen geschlossen)
Zufahrt: A9 – Abfahrt Leibnitz, Richtung Arnfels, am Ortsende von Heimschuh (Elektro Kramer) links der Tafel Unter-Oberfahrenbach nach (Beschilderung)
Besonderheiten: Ein junges, engagiertes Ehepaar, das vor einigen Jahren mit dem Buschenschank begann. Mittlerweile bekamen sie für den Wein schon einige Medaillen. Kernöl gab es schon immer am Hof, nur mit der Vermarktung gehen sie mehr nach außen, wie z.B. auch auf Messen. Als Projektleiter der „Südsteirischen Harmonie“ gehört er zu der Gemeinschaft von über 20 Betrieben, die sich zum Ziel gesetzt haben, dem Gast Geschichte, Kultur und Gegenwart einer Region näherzubringen. Gelungen sind der Wein, der Wanderweg zu den einzelnen Kernöl-, Wein- und Honigbauern und die gemeinsame Vermarktung bei Ausstellungen und Messen. Am eindrucksvollsten für den Gast ist das Miterleben des bäuerlichen Alltags. Spektakulär war auch der Weltrekordversuch im Maronibraten mit der größten Kastanienpfanne der Welt.

FAM. MOSSIER (107)

Inhaber: Fam. **MOSSIER**
Vulgoname: Christiweber
Adresse: Dorfstraße 46, **8430 LEIBNITZ/TILLMITSCH**

Telefon: 03452/83472, **Fax:** 03452/83472
Mitglied: Ernte
Produkte: Kernöl, Frischfleisch vom Schwein (jeden Fr), Geselchtes, Hartwürstl, Haus-, Schinken-, Käsewürste, Preßwurst, Kübelfleisch, Lendbratl, Breinwurst, Leberstreichwurst, Schmalz, Grammelschmalz, Verhackert
Öffnungszeiten: täglich
Zufahrt: A9 – Abfahrt Lebring, Richtung Leibnitz, in Tillmitsch, die dritte Einfahrt (bei Kapelle) rechts, nach ca. 200 m wieder rechts (Beschilderung)
Besonderheiten: In diesem sympatischen Familienbetrieb – als Biohof – geführt, mit Schweinen, Zwerghasen und Katzen, hat sich in den letzten Jahren viel getan. Die Vorfahren des Hausherrn stammen aus Kärnten, kauften diesen Bauernhof, den Herr Mossier nun als Vollerwerbsbauer führt. Außerdem ist er bei der Feuerwehr tätig. Die Frau Eva, ebenfalls bäuerlicher Abstammung ist als Ortsbäurin bei der Frauenbewegung aktiv. Trotz ihrer vielen Arbeit findet sie als gemütliche, lustige Frau Zeit für die monatliche Frauenrunde. Mit dem Direktverkauf begannen sie vor einigen Jahren. Seit kurzem sind sie an einem interessanten Projekt beteiligt – dem Frischehof. Einem bäuerlichen Informations-Dienstleistungs- und Vermarktungszentrum. Sie sind dort für den „Schweine-Fleischteil“ zuständig. Dadurch kam auch der Zu- und Ausbau des Schlacht- und Verarbeitungsraumes. Der Hofladen wird gerade neu gestaltet.

NEBEL JOSEF (108)

Inhaber: Josef **NEBEL**
Adresse: Lang 14 A, **8403 LEBRING**
Telefon: 03182/2152
Mitglied: g.g.A.
Produkte: Kernöl

NEUBAUER FRANZ (109)

Inhaber: Franz **NEUBAUER**
Adresse: Hauptstraße 57, **8380 JENNERSDORF**
Telefon: 03329/48604
Mitglied: g.g.A.
Produkte: Kernöl

NEUBAUER WOLFGANG (110)

Inhaber: Wolfgang **NEUBAUER**
Adresse: Stiefing 6, **8413 ST. GEORGEN A. D. STIEFING**
Telefon: 03183/8406
Mitglied: g.g.A.
Produkte: Kernöl

NEUHERZ ELFRIEDE UND GERHART (111)

Inhaber: Elfriede und Gerhart **NEUHERZ**
Adresse: Zoppolten 99, **8352 UNTERLAMM**
Telefon: 03155/3262
Mobiltelefon: 0664/1707204
Mitglied: g.g.A.
Produkte: Kernöl, Rapsöl, Apfelessig, Weinessig, Spezial-Essige, Apfelsaft aus alten Apfelsorten, Most

NEUHOLD MARIA UND ALOIS (112)

Inhaber: Maria und Alois **NEUHOLD**
Adresse: Judendorfstraße 3, **8071 HAUSMANNSTÄTTEN**
Telefon: 03135/48244
Mitglied: g.g.A.
Produkte: Kernöl

FAMILIE NEUMEISTER – EDLES VOM OBST (113)

Inhaber: Fam. **NEUMEISTER**
Adresse: Wieden 17, **8345 STRADEN**
Telefon: 03473/8249, **Fax:** 03473/8249-4
Mitglied: g.g.A.
Produkte: Kernöl, Frischobst zur Saison (Äpfel, Pfirisch, Erdbeeren, Himbeeren, Brombeeren, Heidelbeeren), Obstsäfte und Fruchtnektare, Apfelessig, Fruchtessige, Edelbrände

FAM. NÖGER (114)

Inhaber: Fam. **NÖGER**
Vulgoname: Schneidersimi
Adresse: Rassach 42, **8510 STAINZ**
Telefon: 03463/2531
Mitglied: g.g.A., Rassacher Selbstvermarkter
Produkte: Kernöl, Knabberkerne, Most, Bauerngeselchtes, Hauswürstl, Verhackert, Schmalz, Leberbrotaufstrich, Frischfleisch auf Anfrage (meist Di), Milchautomat von 0–24 Uhr
Öffnungszeiten: täglich
Zufahrt: A2 – Abfahrt Lieboch, Stainz Richtung Deutschlandsberg, liegt direkt an der Straße, von der Ortstafel Rassach rechterhand der erste Bauernhof
Besonderheiten: Der Hof mit dem Wohnhaus aus 1842 ist seit sechs Generationen im Familienbesitz. Kernöl wurde hier schon immer verkauft, später kam Obst, Milch und Fleisch dazu. Denn Tiere gibt es hier genug: Schweine, Rinder, Hühner, Katzen, Vögel und ein Pferd – wie ein kleiner Zirkus, meint der fröhliche Jungbauer. Er ist auch stolz, daß sie noch ein Bauernhof im Vollerwerb sind. Der Vater war Jahrzehnte im Gemeinderat und in anderen

gemeinschaftlichen Einrichtungen tätig, so wie es beim Nachfolger auch zu sein scheint. Ein Familienbetrieb, bei dem alt und jung zusammenarbeiten und die immer für Neuerungen offen sind. Sie machen auch beim Rassacher Sonntag mit, ein Dorffest als Hoffest, für jeden Betrieb gedacht. Sie setzen neben dem Ölkürbis auch Speisekürbisse an, die neben der Straße aufgebaut, zum Verkauf angeboten werden. Das hofeigene Kernöl wurde nach Deutschland, in die Schweiz und bis nach Peru exportiert.

ORNIG JOSEF UND GERTRUDE (115)

Inhaber: Josef und Gertrude **ORNIG**
Adresse: Diepersdorf 16, **8482 GOSDORF**
Telefon: 03474/8306
Mitglied: g.g.A.
Produkte: Kernöl, Knabberkerne, Holunderblütensaft, Freilandeier, Most, Honig

OTTENBACHER HUBERT (116)

Inhaber: Hubert **OTTENBACHER**
Adresse: Oberrakitsch 54, **8480 MURECK**
Telefon: 03472/8431
Mitglied: g.g.A.
Produkte: Kernöl, Bio-Mostessig, Freilandeier

PACK ALOIS (117)

Inhaber: Alois **PACK**
Adresse: Penzendorf 149, **8230 HARTBERG**
Telefon: 03332/63495
Mitglied: g.g.A.
Produkte: Kernöl, Kürbiskerne, Nüsse, Weiß-, Rose- und Rotweine
Öffnungszeiten: täglich
Zimmer: 3 DZ, Frühstückspension

PATSCHER ALFRED UND CHRISTINE (118)

Inhaber: Alfred und Christine **PATSCHER**
Vulgoname: Schneiderbauer
Adresse: Greith 9, **8542 ST. PETER I. S.**
Telefon: 03467/7852
Mitglied: g.g.A., Schilcherland
Produkte: Kernöl, Apfelsaft, Edelbrände, Freilandeier, Nüsse
Öffnungszeiten: täglich
Verkaufsstellen: St. Martin – Handarbeitsstube
Zufahrt: A2 – Abfahrt Lieboch, über Stainz nach Deutschlandsberg, Richtung St. Martin, bei Wieden links Richtung Berghof, dann Richtung Poppenforst/Fröhlichberg ca. 2 km, beim Transformator vorbei bis zum Hof

Besonderheiten: In völliger Ruhe und Abgeschiedenheit sitzt man unter dem Nußbaum, umgeben von Wiesen und Wald mit Blick auf die hauseigene Kapelle, die eben von Kühen umrundet wird. Die Milch geht an die Molkerei Stainz. Aus der Fischzucht, die auf 10 Teiche verteilt ist, werden in erster Linie Großabnehmer beliefert. Es ist ein alter Hof, gehörte ehemals zum Schloß Waldschach und wurde 1743 erstmals erwähnt und 1996 vorbildlich renoviert. Sie machen möglichst viel selbst, so eben auch die Renovierung der Hofkapelle. Der nächste Programmpunkt ist der Stallumbau. Eine tüchtige Familie, bei der die junge Bäurin achtet, daß alles gepflegt ist. Gerade kommen Wanderer vorbei „1 Flasche Kernöl" – auf Wunsch gibt es vorher auch eine Kostprobe. Man spürt, daß die junge Frau mit Leuten umgehen kann, war sie doch früher in der Gastronomie tätig. Sie beschäftigt sich mit gesunder Ernährung und kann auf Zertifikate als Seminarbäurin und Lebensmittelberaterin verweisen.

HOFLADEN PATZ (119)

Inhaber: Fam. **PATZ**
Adresse: Edla 21, **8093 ST. PETER A. O.**
Telefon: 03477/2314, **Fax:** 03477/2155
Mitglied: g.g.A.
Produkte: Kernöl, Knabberkerne (geröstet und gesalzen), Selchfleischspezialitäten vom Porki, Würste, Aufstriche, Dinkelprodukte, Apfelsaft, Most, Freilandhendl, Bauernbrot

PECHTIGAM KARL UND MARGIT (120)

Inhaber: Karl und Margit **PECHTIGAM**
Vulgoname: Kern
Adresse: Zehensdorf 8, **8092 METTERSDORF**
Telefon: 03477/2458, **Fax:** 03477/2452
Mobiltelefon: 0676/4971445
Mitglied: g.g.A., Gutes vom Bauernhof, Murmüller Bauern
Produkte: Kernöl, Knabberkerne, Frischfleisch, steir. Kübelfleisch, Kaiserfleisch und gekocht, Schweinsbrüstel, Schulter, Karree, Preßkopf, Stelze geselcht oder gebrachten, Rohschinken, Schinken gekocht, Hamburger, Hauswurst, Salami, Hauswürstel, Knoblauchwurst, Bratwurst, Breinwurst, Käse-Speckwurst, Verhackertwürste, Aufstriche, kalte Platten und Brötchen, Buffets auf Bestellung, steir. Geschenkkörbe für jeden Anlaß
Öffnungszeiten: Mo–Sa
Verkaufsstellen: Murecker Bauernladen, Mi und Fr 14.30–18 Uhr, Sa 8–12 Uhr
Zufahrt: Von Graz über Kirchbach, St. Stefan i. R., nach Zehensdorf, in Ortsmitte oder über die A9 – Abfahrt Vogau, über Weinburg nach Zehensdorf
Besonderheiten: Die Bäuerin ist jung, fesch und immer auf Trab, sie hält ihre Figur fit mit den Arbeiten am Bauernhof. Der gepflegte Hof fällt auf, gleich beim Eingang mit einem Schwimmteich. Vor 11 Jahren haben sie die Direktvermarktung ausgebaut. Früher fuhren sie oft auf Messen. Jetzt spielt sich viel am Hof ab, mit dem Kühl-,

Verarbeitungs- und Verkaufsraum auf neuestem Stand. Es ist ein auf Qualität bedachter Betrieb, dessen Tiere ohne Streß aufwachsen und artgerecht gehalten werden. Die guten Produkte aus der eigenen Landwirtschaft sind begehrt bei den Bauernbuffets für Stadt und Land. Jeden Dienstag gibt es Frischfleisch und Fleischverkostungen nach Vereinbarung. Beim jährlichen Hoffest mit Klachlsuppe, Blunzen und Breinwürsten kommen meist 1.500 Leute. Ein Musterbetrieb, der mit Professionalität, Fleiß und Charme geführt wird.

PEIN ANTON UND HILDE (121)

Inhaber: Anton und Hilde **PEIN**
Adresse: Schormannstraße 14, **8480 MURECK**
Telefon: 03472/2861
Mitglied: g.g.A.
Produkte: Kernöl, Dinkelmehl, Dinkel, Tomaten, Paprika, Gurken, Zucchini, Melanzani, Salat, Pfefferoni, Zwiebel, Buschbohnen, Erbsen, Lauch, Kraut, Vogerlsalat, Radieschen (Saisongemüse)

PENDL HERMANN UND GISELA (122)

Inhaber: Hermann und Gisela **PENDL**
Adresse: Wetzawinkel 29, **8200 GLEISDORF**
Telefon: 03112/6214
Mobiltelefon: 0664/5242003
Mitglied: g.g.A.
Produkte: Kernöl, verschiedene Knabberkerne, Schnaps

PFERSCHI FRITZ UND HELGA (123)

Inhaber: Fritz und Helga **PFERSCHI**
Adresse: Trössengraben 38, **8082 KIRCHBACH**
Telefon: 03116/2596
Mitglied: g.g.A.
Produkte: Kernöl

PFIFFER EDUARD UND MARIA (124)

Inhaber: Eduard und Maria **PFIFFER**
Vulgoname: Schmied
Adresse: Stiefing 5, **8413 ST. GEORGEN/STIEFING**
Telefon: 03183/8405, **Fax:** 03183/8405
Mitglied: g.g.A., Gutes vom Bauernhof
Produkte: Kernöl, Knabberkerne (geröstete, würzige), Bauernbrot mit gemischten Körnern, Frischfleisch, Selchwaren, Breinwurst, Verhackert, Schmalz, Leberpastete, Geschenkkörbe; Zustellung und Versand möglich!
Öffnungszeiten: Do–Sa mittag oder auf tel. Anfrage

Zufahrt: A9 – Abfahrt Wildon, über die Murbrücke nach Stocking, Hart, Stiefing, bei der Wasserschutzgebietstafel rechts, der Tafel zum Hofladen nach.
Besonderheiten: Schon um 1800 wurde dieser Hof erwähnt und zwar als Schmiede, daher auch der Hausname. Da zur damaligen Zeit fast in jedem Ort ein Schmied war, nannte sich dieser „Stiefingschmied". Auf der Suche nach neuen Wegen fing man in diesem Schweinezucht- und Mastbetrieb im Jahre 1990 mit der Direktvermarktung an. Da auch einer der drei Söhne mit in der Landwirtschaft tätig ist, ist die Nachfolge gesichert. Wöchentlich wird geschlachtet und neben Frischfleisch kommen auch Selch- und Wurstwaren zum Verkauf. Kürbisse und Kernöl waren schon immer am Hof. Eine äußerst bemühte Familie, die den Ab-Hof-Verkauf mit Mundpropaganda begann. Heute bringen die zufriedenen Kunden weitere Kunden mit. Als wirklich gute Idee entpuppt sich der „Gutschein für bäuerliche Produkte" und ist begehrt als Geschenk bei jung und alt.

PLODER ANNA (125)

Inhaber: Anna **PLODER**
Adresse: Entschendorf 16, **8093 ST. PETER A. O.**
Telefon: 03477/2527
Mobiltelefon: 0664/4414215
Mitglied: g.g.A.
Produkte: Kernöl, Knabberkerne, Holzofenbrot

PÖLZL MARGARETE (126)

Inhaber: Margarete **PÖLZL**
Adresse: Oberspitz 26, **8483 DEUTSCH GORITZ**
Telefon: 03474/8349
Mitglied: g.g.A.
Produkte: Kernöl, Kürbiskerne

POSCH JOHANN (127)

Inhaber: Johann **POSCH**
Adresse: Liebensdorf 39, **8081 HEILIGENKREUZ A.W.**
Telefon: 03134/2748
Mitglied: g.g.A.
Produkte: Kernöl, Eier
Öffnungszeiten: täglich
Zufahrt: Von Graz die Bundesstraße 73 Richtung Feldbach, im Ortsteil Liebensdorf das erste Haus links
Besonderheiten: Ein alter Bauernhof mit einem neuen Haus, den bereits die Jungen übernommen haben, aber trotzdem die ganze Familie mithilft. Der Altbauer weiß interessante Geschichten aus der alten Zeit, in der z.B. jede fünfte Zeile, also alle zehn Schritte zwischen Kürbis und Mais gesetzt wurde oder auch Bohnen. Die Mutter weiß von der Maispyramide zu erzählen, unter der die letzten Kürbisse, vor Frost geschützt, gelagert wurden.

PRACHER JOHANN UND MARIA (128)

Inhaber: Johann und Maria **PRACHER**
Vulgoname: Ermi
Adresse: Petzelsdorfstraße 14, **8522 GROSS ST. FLORIAN**
Telefon: 03464/2309, **Fax:** 03464/2309
Mitglied: g.g.A., Schilcherland
Produkte: Kernöl, Knabberkerne, Bauernbrot, Kornbrot, Briocheweckerl, Vollwertweckerl, Apfelsaft, Most, Suppennudeln, Bandnudeln, spez. Suppengewürz, Eier. Von anderen Bauern: Honig, Holundersaft, Schilchergrappa
Öffnungszeiten: täglich
Verkaufsstellen: Bauernmarkt Deutschlandsberg – jeden Freitag
Zimmer: 2 DZ, Urlaub am Bauernhof, Ferienhaus f. 4 Personen
Zufahrt: A9 – Abfahrt Wildon über Preding nach Groß St. Florian, vor der Ortsmitte beim Bäderstudio rechts, bei einem Bildstock wieder rechts bis in den Hof (Beschilderung)
Besonderheiten: Der gepflegte Bauernhof liegt ruhig und sonnig außerhalb des Ortes mit jeder Menge an Tieren, wie Rindern, Schweinen, Hühnern, Enten und Katzen. Das Haus stammt aus 1875, den Urlaub am Bauernhof gibt es schon von den Eltern her seit ca. 1950. Seit etwa 10 Jahren fährt die Frau des Hauses auf den Bauernmarkt nach Deutschlandsberg. Daher ist Freitag und Samstag Brotbacken angesagt. Samstags ist der spezielle Einkaufstag für frisches Brot, Weckerl und Germstrietzel. Für Hausgäste ist der Samstag der Backtag in der eigenen Backstube. Eine Spezialität ist hier auch das Suppengewürz aus verschiedenen Gemüsen und Kräutern in Salz angesetzt. Eine äußerst fleißige Familie, die aufsteht, wenn andere oft schlafengehen.

PRASSL EDELTRAUD (129)

Inhaber: Edeltraud **PRASSL**
Adresse: Schützing 1, **8330 FELDBACH**
Telefon: 03152/6831
Mitglied: g.g.A.
Produkte: Kernöl, Knabberkerne, Freilandeier, Gemüse, Honig, Säfte

PREININGER KONRAD (130)

Inhaber: Konrad **PREININGER**
Adresse: Neudorf 3, **8211 GROSSPESENDORF**
Telefon: 03113/3879, **Fax:** 03113/3879
Mitglied: Kulminarium
Produkte: Kernöl, Äpfel, Essig, Most, Apfelsaft (Zustellung möglich)
Öffnungszeiten: früh, mittags und abends, sonst tel. Vereinbarung
Zufahrt: Von Graz die B 54 Richtung Hartberg, nach Schattauberg beim Kreisverkehr (Bauhof Teubl) links, Richtung Weiz, in Neudorf kurz vor Ortsende bei der „Dorfwirtin" rechts die Straße Richtung Kulm, nach ca. 500 m rechts (Obstplantage)

Besonderheiten: Oberhalb des langgezogenen Dorfes Neudorf am Weg zum Kulm liegt dieser Bauernhof inmitten einer Obstplantage. Der Schwerpunkt liegt im Obstbau. Hier bekommen Sie Einblick in die Kultur des Obstbaues mit den verschiedenen Sorten, der Blütenpracht im Frühling und dem Keller, in dem Apfelsaft, Most und Apfelessig gelagert werden. Wenn Sie Lust zum Angeln haben, gibt es einen eigenen Fischteich. Seit dem Jahre 1936 wird am Hof Obstanbau, Kürbis- und Ackerbau betrieben. Zwei von den drei Söhnen sind Absolventen der Obstbauschule Wetzawinkel und ein Nachfolger, der schon jetzt begeisterter Bauer ist, ist auch gefunden. Der Vertrieb des Kernöls läuft über Bekannte und Verwandte bis nach Salzburg und Tirol. Am Kulmradweg gelegen, steht einem Einkehrschwung, vielleicht für eine Flasche Kernöl, nichts im Wege.

RENNHOF – FAM. PROBST (131)

Inhaber: Fam. **PROBST**
Vulgoname: Rennhof
Adresse: Obere Hauptstraße 50, **8462 GAMLITZ**
Telefon: 03453/2693
Mitglied: Gast Taxi
Produkte: Kernöl, Apfelessig, Apfelsaft, Most, Edelbrände, Obst je nach Saison; Zustellung möglich, mehrfach im Jahr nach Salzburg
Öffnungszeiten: täglich
Zufahrt: A9 – Abfahrt Vogau/Straß über Ehrenhausen nach Gamlitz, Richtung Arnfels, vor dem Ortsende rechts (Beschilderung)
Besonderheiten: In der Ortsgeschichte von Gamlitz ist zu lesen, daß es am Ausgang des Mittelalters im Dorf vier Gülthöfe gab, unter anderem den Rennhof, der in engstem Zusammenhang mit dem Schloß Gamlitz stand. Die alten Steinmauern mit dem Ziegelgewölbe weisen auf das Jahr 1542, als Alexander Renner den Edelsitz schuf und Gründe von St. Paul und vom Bischof von Seckau kaufte. Ein Bischof Philipp Renner wurde 1535 bei der Einweihung der Pfarrkirche Leibnitz erwähnt. Nach mehrfachem Besitzerwechsel erwarb die Familie Probst den Hof. Am westlichen Ortsende von Gamlitz in erhöhter ruhiger Lage begannen sie mit Obstbau, dann wurde auf Kürbis und Mais erweitert. Die Schweine sind nur für den eigenen Gebrauch. Die Hausgäste fühlen sich auf dem Bauernhof umgeben von Wiesen mit Edelobst, äußerst wohl. Das liebenswerte Ehepaar Probst ist sehr bemüht um seine Gäste. Sogar als Fremdenführer ist Herr Probst für sie unterwegs oder nimmt sie mit zur Obst- und Kürbisernte.

APFELKÜRBISHOF – Ferienhof Pronegg (132)

Inhaber: Fam. **PRONEGG**
Vulgoname: Gradischnig
Adresse: Fötschach 40, **8463 LEUTSCHACH**
Telefon: 03454/6572, **Fax:** 03454/6572
Mitglied: g.g.A., Glanzer Hoftour, Gutes vom Bauernhof
Produkte: Kernöl, Knabberkerne, Säfte, Edelbrände (Williams, Kriecherl, Sliboviz, Obstler, Kümmel, Weichsel),

Saisonobst (Erdbeeren, Ribisel, Johannisbeeren, Äpfel, Birnen), Marmeladen (Himbeere, Ribisel, Johannisbeere), Honig, Fleischprodukte, Bauernbuffet auf Bestellung, attraktive Geschenkverpackungen, eigener Hofladen
Öffnungszeiten: täglich
Zimmer: 5 DZ, 1 Ferienwohnung, Urlaub am Bauernhof
Zufahrt: A9 – Abfahrt Spielfeld, Richtung Leutschach oder Abfahrt Vogau über Ehrenhausen Gamlitz, die Südsteirische Weinstraße Richtung Schloßberg – Leutschach, beim Reiterhof rechts hinein, den Berg hinauf (Beschilderung)
Besonderheiten: Auch auf diesem Bauernhof mit Rindern und Schweinen gibt es seit 1995 Direktvermarktung mit einem Bauernladen und Urlaub am Bauernhof. In ruhiger Lage steht dieses Hofensemble aus dem 17. Jahrhundert. Die originelle Scheune mit den „Woazstriegeln" und dem neuerrichteten Wohnhaus. In der Mitte der gemütlichen Stube steht der Kachelofen mit Ofenbank. Weitere Lieblingsorte der Gäste sind die Holzveranda und die Terrasse. Die Urlauber schätzen es in der Familie integriert zu sein. Im Garten gibt es einen Kinderspielplatz mit einem Fassl als Sonnenhaus. Die liebenswürdige Hausfrau, z. Zt. noch Ortsbäurin bietet den Besuchern alles rund um den Kürbis, wie Kürbiskostproben oder das „Kürbisallerlei" – viele Zierkürbisse auf einen Haufen oder schnitzt mit den Kindern Kürbisgeister. Als Mitglied der Glanzer Hoftour ist der Donnerstag der Tag, an dem sie den Kürbis den Besuchern nahe bringt. Man schaut dem Bauern über die Schulter und erfährt eine Menge über Herstellung und Produktion. Für sportliche Aktivitäten ist gleich unterhalb der Reiterhof gelegen. Oder wie wäre es mit einer Kutschenfahrt von Hof zu Hof?

PRONEGG HERMANN (133)

Inhaber: Hermann **PRONEGG**
Vulgoname: Haring
Adresse: Saggau 6, **8453 ST. JOHANN I. S.**
Telefon: 03455/284
Mitglied: Gutes vom Bauernhof
Produkte: Kernöl, Knabberkerne (natur, auf Bestellung mit Meersalz oder Schokolade), Eier, Edelbrände (Kriecherl, Zwetschke)
Öffnungszeiten: täglich
Zufahrt: A9 – Abfahrt Leibnitz Richtung Arnfels. In St. Johann rechts nach Saggau, dort im Ort bei der Trafostation (Beschilderung)
Besonderheiten: Ein Ort voller Eigeninitiative, in dem alle zusammenhalten. Das Dorffest diente der Renovierung der Kapelle und so war diese Labestation beim Welschlauf. Der Hof der Familie Pronegg wurde 1709 erstmals erwähnt, schön restauriert und farblich in zartem Grau mit lachsrosa Ziegelgittern gehalten. Nachdem der Kürbisanbau auch hier Tradition hatte, kam man nach der Schweinehaltung vor 10 Jahren zum Kernölverkauf mit Direktvermarktung. Der Hausherr ist zusätzlich noch in verschiedenen Organisationen, die Frau als Lehrerin tätig und probiert gerne neue Rezepte mit Kernöl und Kürbiskernen aus. Von den vier Kindern machen zwei Söhne eine landwirtschaftliche Ausbildung.

FAM. PRONEGG KARL (134)

Inhaber: Karl **PRONEGG**
Vulgoname: Kristeindl
Adresse: Kranach 5, **8463 LEUTSCHACH**
Telefon: 03454/261, **Fax:** 03454/261
Mitglied: Gutes vom Bauernhof
Produkte: Kernöl, Kübelfleisch, Verhackert, Weine, Edelbrände, Fruchtsäfte, kalte Platten (zum Mitnehmen). Auch Versand möglich!
Öffnungszeiten: täglich 14–23 Uhr, So + Mo Ruhetag
Buschenschank: auf Voranmeldung für Feiern bis zu 30 Personen
Zimmer: 5 DZ, Urlaub am Bauernhof
Zufahrt: A9 – Abfahrt Vogau, nach Leutschach, Richtung Eichberg, 2x rechts (beschildert)
Besonderheiten: Dieses schmucke Haus hat sich dem Urlaub am Bauernhof (4 Blumen) verschrieben und dem Ab-Hof-Verkauf. Den Buschenschank gibt es nur mehr auf Voranmeldung. Bestechend ist der gepflegte Hof mit dem vielen Blumenschmuck und die geschmackvolle Wohnküche mit Kachelofen und gesetztem Herd. Die Gäste fühlen sich in der absoluten Ruhe wohl und nehmen so manches Kernöl mit nach Hause oder es wird nachgeschickt.

PRUTSCH FRANZ UND GABRIELE (135)

Inhaber: Franz und Gabriele **PRUTSCH**
Adresse: Siebing 3, **8481 WEINBURG**
Telefon: 03472/8411, **Fax:** 03472/8411
Mitglied: g.g.A.
Produkte: Kernöl, Knabberkerne, Käferbohnen, Most, Honig, Imkereiprodukte, Handarbeit, Geschenkartikel

PUCHER DOROTHEA (136)

Inhaber: Dorothea **PUCHER**
Adresse: Zerlach 8, **8082 KIRCHBACH**
Telefon: 03116/2365
Mitglied: g.g.A.
Produkte: Kernöl, Knabberkerne

RADKERSBURGER GOLD (137)

Inhaber: **RADKERSBURGER GOLD**
Adresse: Ratzenau 37, **8482 GOSDORF**
Telefon: 03472/3195, **Fax:** 03472/3195
Mitglied: g.g.A.
Produkte: Kernöl, Knabberkerne natur und geröstet, gesalzen, Frischfleisch vom Freilandschwein (Qualitätsgarantie)
Öffnungszeiten: ab 15. Mai täglich ab 9.00 Uhr
Besonderheiten: „Radkersburger Gold" ist ein Markenerzeugnis von vier innovativen Kürbisbauern aus der Südoststeiermark. Adolf und Elisabeth Pfeiler, 8482 Gosdorf, Ratzenau 37; Maria Pein, 8483 Deutsch Goritz, Spitz 1; Fam. Drexler, 8490 Bad Radkersburg, Altneudörfl 108; Fam. Wilfried Cziglar-Benko, 8490 Bad Radkersburg, Goritz 10. Hofbesichtigungen möglich!

FAM. RAGGAM FRANZ UND RENATE (138)

Inhaber: Franz und Renate **RAGGAM**
Adresse: Landorf 29, **8092 METTERSDORF A. S.**
Telefon: 03477/2736
Mitglied: g.g.A.
Produkte: Kernöl, Kürbiskerne

RAGGAM JOHANN UND BARBARA (139)

Inhaber: Johann und Barbara **RAGGAM**
Vulgoname: Oberlist
Adresse: Siebing 1, **8481 WEINBURG**
Telefon: 03472/8276
Mitglied: g.g.A., Gutes vom Bauernhof
Produkte: Kernöl, vom Edelschwein: Geselchtes, Selchwürstl, Hauswurst, Leberbrotaufstrich; vom Wollschwein: Salami fein, Specksalami, Verhackert, Grammeln, Schmalz; Edelbrände: Apfel, Birnen, Zwetschken, verschiedene Ansatzschnäpse; Zustellung bei größeren Mengen in die nähere Umgebung
Öffnungszeiten: täglich
Zufahrt: A9 – Abfahrt St. Veit/Vogau, nach ca. 7 km links Richtung Kirchbach, am Ortsende von Siebing (gegenüber Volksschule)
Besonderheiten: Zur Spezialität dieses Hauses gehören die Salami, neuerdings sogar „Salamettis" – kleinere Ausführungen. Der „Oberlist" ist hier für sein Kernöl uind „Wollschweinernes" bekannt. Für den Wein ist der normale List, ein Schwager zuständig. Wie in den meisten Häusern war der Kürbisanbau ebenso obligat wie die Schweine. Vor sechs Jahren kam die Überlegung als „Rasenmäher" Ziegen oder Schafe einzusetzen und es wurden Wollschweine. Sie werden mittlerweile auf der Weide gehalten und haben auch vom Hausteich Besitz ergriffen. Wenn der Hausherr auftaucht, weiß er so manch witzige Geschichten zu erzählen, eine ganz authentische steht in der Hauschronik geschrieben, wie ein Vorfahre als junger Bursch die 70-jährige Hausherrin heiratete, nur um dem Einrücken zu entgehen. Gemeinsam mit seiner tüchtigen Frau und fünf Kindern führt er den Hof, wobei ein Sohn als Landwirtschaftsschulabsolvent der Nachfolger wird.

RAUER FRITZ UND ANNI (140)

Inhaber: Fritz und Anni **RAUER**
Vulgoname: Dachrieglhof
Adresse: Bierbaum 66, **8283 BLUMAU**
Telefon: 03383/3166, **Fax:** 03383/3166
Mobiltelefon: 0663/9630626
Mitglied: g.g.A.

Produkte: Kernöl, Kürbisknabberkerne in verschiedenen Geschmacksrichtungen (Zucker-Zimt, Vanille, Kaffee, Schoko, natur, Knoblauch, gesalzen), Frischgemüse, Käferbohnen, Fruchtsäfte
Öffnungszeiten: täglich
Zufahrt: A2 – Abfahrt Ilz, Fürstenfeld, in Fürstenfeld Richtung Hartberg, ca. 7 km, in Bierbaum Richtung Burgau, ca. 2 km, links etwas erhöht gelegen (Beschilderung)
Besonderheiten: „Ursprünglich und natürlich" ist das Motto dieses Erlebnisbauernhofes mit Reitbetrieb und Gastrozustellung. Nähe Therme Blumau.

REINSTROM JOSEF U. MARGARETA (141)

Inhaber: Josef und Margareta **REINSTROM**
Adresse: Feldkirchenstraße 59, **8401 KALSDORF**
Telefon: 03135/54376
Mitglied: g.g.A.
Produkte: Kernöl

FAM. REISENHOFER (142)

Inhaber: Fam. **REISENHOFER**
Vulgoname: Messner
Adresse: St. Ulrich am Waasen 35, **8072 FERNITZ B. GRAZ**
Telefon: 03135/82609, **Fax:** 03135/82609
E-mail: richard.reisenhofer@netway.at
Mitglied: g.g.A.
Produkte: Kernöl, Milch
Öffnungszeiten: täglich
Verkaufsstellen: Leoben – Oberlandhalle
Zufahrt: 20 km südlich von Graz gelegen, ist St. Ulrich über Fernitz, Hausmannstätten-Hühnerberg, Heiligenkreuz am Waasen oder Wildon einfach zu erreichen, die Strecken sind gut ausgeschildert.
Besonderheiten: Das imposante Herrenhaus, mit welchem das Messneramt für die Ortskirche verbunden ist, steht mitten im Ortskern von St. Ulrich. Das Haus wurde 1900 erbaut, 1997 außen originalgetreu restauriert und ist mit viel Blumenschmuck versehen. Am Betrieb werden für eine besonders wirtschaftliche Milchproduktion,

die in dieser Gegend eher seltenen, schwarz-weiß gefleckten Holstein-Friesian Kühe in einem Tretmiststall mit ganzjährigem Auslauf gehalten und gezüchtet. Aus umliegenden Gemeinden wird Bioabfall abgeholt und zu wertvollem Kompost für die Düngung der Felder verarbeitet. Die auf diesen Feldern gewachsenen Kürbiskerne werden nach der Ernte mit Eigenbauanlagen gewaschen, getrocknet und gereinigt.

REISSNER MARIA UND KARL (143)

Inhaber: Maria und Karl **REISSNER**
Vulgoname: Trattenbauer
Adresse: Landstraße 18, **8071 VASOLDSBERG**
Telefon: 03135/47768
Mitglied: Gutes vom Bauernhof
Produkte: Kernöl, Selchwaren, Breinwurst, Leberstreichwurst, Salate, Gemüse nach Saison, Käferbohnen, Bauern-, Vollkorn-, Dinkel-, Osterbrot, Bauernbuffets bis zu 150 Personen
Verkaufsstellen: Bauernmärkte: Eggenberg (Graz) – Mi + Sa, St. Peter (Graz, Pfarrweg)
Buschenschank: seit Herbst 1999: Ostern – Weihnachten
Besonderheiten: Die frische Ware von der Familie Reissner ist begehrt, nicht nur auf den Märkten, sondern nun auch in der eigenen Buschenschank erhältlich. Bis jetzt waren sie auch auf Messen vertreten. Eine durch und durch rührige Bauernfamilie.

RENNER MARGRET UND VALENTIN (144)

Inhaber: Margret und Valentin **RENNER**
Vulgoname: Kloa Schantl
Adresse: Langegg 24, **8463 LEUTSCHACH**
Telefon: 03454/448, **Fax:** 03454/448
Mobiltelefon: 0664/3649141
Mitglied: g.g.A., Gutes vom Bauernhof

Produkte: Kernöl, Knabberkerne, Essig, Marmeladen, Fruchtsäfte, Wein-Gelees, eingelegte Früchte, Himbeerwein, Gestecke, Wein, Geschenkkisten und -körbe
Öffnungszeiten: täglich
Zufahrt: A9 – Abfahrt Vogau über Ehrenhausen, Gamlitz, Richtung Grenzübergang Langegg, rechts einige hundert Meter die Klapotezstraße zur linkerhand gelegenen Hofeinfahrt
Besonderheiten: Ob sie schauen, kaufen oder sich etwas mitnehmen wollen, sie sind immer willkommen bei der liebenswerten und bemühten Familie Renner. Wein, Kürbis und Obst sind die Schwerpunkte des gepflegten Hofes mit herrlicher Aussicht auf die umliegenden Hügel der Weinstraße. Gleich neben der Einfahrt der glycinienumwucherte Keller, daneben das Wohnhaus und gegenüber – mit alten Holzeingangstüren versehen – der entzückende Hofladen. Davor passiert man noch den Lebensbaum des Glaskünstlers Trojan. Ein alter Kanonenofen wärmt den gemütlich mit abgelaugten Möbeln eingerichteten Hofladen. Ganz besonders ist die mit verschiedensten Materialien und Bändern bestückte Bastelecke, in der Frau Margret ihre bezaubernden Kränze, Gestecke und Glanzer Hoftour-Körbe bastelt. Die fröhliche junge Frau hat künstlerische Hände und hat als jüngstes von vier Kindern den Hof übernommen. Ihr Mann Valentin ist als Silberbergabsolvent für den Wein zuständig. Die sechs Weinsorten können im alten Gewölbekeller verkostet werden. Das tüchtige Ehepaar ist auch auf Messen und Veranstaltungen präsent. Während dieser Zeit versorgt der Opa den Hof. Übrigens, die eingelegten Himbeeren und Johannisbeeren sind ein Gedicht.

RESCH ALOISIA (145)

Inhaber: Aloisia **RESCH**
Vulgoname: Handl
Adresse: Eichberg 26, **8453 EICHBERG-TRAUTENBURG**
Telefon: 03455/7675
Mitglied: Gutes vom Bauernhof
Produkte: Kernöl, Eier, Isabella-Traubenwein, Himbeeren, Heidelbeeren, Sämling und Morillon ab 2001
Öffnungszeiten: täglich
Zufahrt: A9 – Abfahrt Leibnitz, über Großklein Richtung Arnfels. In St. Johann bei der Genossenschaft links, nach wenigen Metern wieder links, der Tafel Ratzberg nach ca. 2,5 km, bei der Weggabelung rechts (Heidelbeeranlage)
Besonderheiten: Auf über 400 m Höhe regiert die resolute Frau Aloisia alleine auf dem von den Eltern übernommenen Hof. Drei Kinder hat sie alleine großgezogen. Früher setzte sie auf Mais und Rinder, jetzt sind es Freilandhühner und Himbeeren. Die Heidelbeeren gehen fast alle an den Großhandel. Mittlerweile hat sie auch den Weingarten weiter bepflanzt. Sie wäre so die richtige „Buschenschankmami", doch alles zugleich geht nicht. Zuerst sind Gästezimmer in Vorbereitung. Dann wird man weitersehen, was die couragierte, sympathische Frau noch schafft.

FAM. RESCH FRANZ UND ANNI (146)

Inhaber: Franz und Anni **RESCH**
Vulgoname: Bachhans
Adresse: Trag 66, **8541 HOLLENEGG**
Telefon: 03467/8810, **Fax:** 03467/8177

Mitglied: g.g.A., Schilcherlandspezialitäten, Weißes Pferd (Schilcher)

Produkte: Kernöl, Apfelsaft (Streuobst), Schilcher, Geschenkflaschen, Geschenkkörbe (auf Bestellung)

Öffnungszeiten: täglich (besser vorher anrufen)

Verkaufsstellen: Bauernladen „Hollenegger Schloßgeister" im Roßstall vom Schloß Hollenegg, Sa, So 13–17 Uhr, Mai bis November

Zufahrt: A2 – Abfahrt Lieboch, die B 76 Richtung Eibiswald. In Schwanberg links Richtung St. Martin, ca. 3 km, beim Bahnhof Schwanberg vorbei, über die Bahngeleise, die 2. Einfahrt (Sackstraße) links bis zur Brücke, davor rechts zum Bauernhof.

Besonderheiten: Der Bauernhof, der um die Jahrhundertwende erbaut wurde, liegt in Trag/Hollenegg, in der Nähe vom Bahnhof Schwanberg. Die eigenwillige Bauweise des Wohnhauses und der riesige Nußbaum in der Hofmitte wirken sehr einladend. Seit 10 Jahren bearbeitet das Ehepaar Resch mit seinen drei Kindern die kleine Landwirtschaft, wo sie steirisches Kürbiskernöl und Apfelsaft aus Streuobstanlagen produzieren. Da ein Weingarten bei der Wirtschaft ist, gibt es am Ried Aichegg/Hollenegg auch Schilcher. Ein Anreiz und kein Problem

für den Weinbauberater der Weststeiermark. Für die liebenswürdige Frau Anni, selbst von einem Bauernhof, soll alles überschaubar sein, denn der Hof ist ihr Bereich. Selbst Handhacken und Handputzen und Trocknen sind bei ihr noch üblich und daher will sie auch nicht größer werden. Die Kerne werden in kleineren Mengen gepreßt und somit wird stets frisches Kernöl geboten. Sie plant schon einen urigen Verkaufsraum im Stall mit Ziegeln, alten Holz und alten Möbeln vom Dachboden. Geplant ist hier auch ein Schauweben, denn ihr großes Hobby ist das Weben am eigenen Webstuhl, natürlich aus dem eigenen Flachsanbau. Zur Zeit findet dies im Bauernladen im Roßstall beim Schloß Hollenegg statt.

RESCH THERESIA UND JOHANN (147)

Inhaber: Theresia und Johann **RESCH**

Adresse: Großklein 59, **8452 GROSSKLEIN**

Telefon: 03456/2548

Mitglied: g.g.A., Gutes vom Bauernhof, Saggautaler Erlebniswochen

Produkte: Kernöl, Knabberkerne, Blüten-, Kastanien-, Pollen-, Waldhonig, diverse Wachsprodukte. Österreichweite Zustellung!

Öffnungszeiten: täglich

Verkaufsstellen: Bauernladen am Hof

Zufahrt: A9 – Abfahrt Leibnitz, Großklein, in Ortsmitte rechts Richtung Kleinklein, rechts der Beschilderung nach

Besonderheiten: Neben dem Kernöl ist hier der Schwerpunkt die Imkerei. Ihr Mann, langjähriger Bürgermeister und Obmann der Imker, baute vor über 50 Jahren den Betrieb auf. Dies erzählt die über 80-jährige Oma des Hauses. Der gepflegte Hof besticht durch den wunderschönen Blumenschmuck und Garten und wird als reiner Familienbetrieb geführt. So wurde Frau Theresia schon als junges Mädchen von ihrem späteren Mann mit den Bienen vertraut gemacht. Oft gestochen, aber dadurch abgehärtet, packt sie als tatkräftige Frau überall zu. Eine Tochter ist ebenfalls Imkerin und hilft dem Bruder. Der Sohn geht in eine landwirtschaftliche Fachschule und wird in die väterlichen Fußstapfen steigen. Die meisten Bienenvölker befinden sich auf einer Alm auf der Soboth. Auf Anfrage wird die Imkerei und ein Schaustock beim Hof gezeigt.

FAM. ROBIER – Frischehof (148)

Inhaber: Fam. **ROBIER**

Vulgoname: Frischehof

Adresse: Im Lagerfeld 11, **8430 LEIBNITZ**

Telefon: 03452/74511-0, **Fax:** 03452/74511-4

Mitglied: Ernte

Produkte: Kernöl, Gemüse, Kartoffel, Getreide, BrotProdukte anderer Betriebe: Käse, Selchwaren, Nudeln, Säfte, Wein, Eier, Joghurt,...

Öffnungszeiten: Mo bis Fr 9–19 Uhr, Sa 9–15 Uhr

Zufahrt: A9 – Abfahrt Leibnitz, die B 67 Richtung Leibnitz liegt der Frischehof rechts nahe der Straße

Besonderheiten: Mein erster Besuch war im Hause des Direktvermarkters und Kernölbauern Robier. Mittlerweile haben sich die Bauernfamilien Robier, Mossier, Hubmann und Söb und Sun zusammengeschlossen zum „Frischehof". Am Stadtrand von Leibnitz gibt es seit Pfingsten 1999 ein hervorragendes Beispiel bäuerlicher Innovation – ein bäuerliches Informations-, Dienstleistungs- und Vermarktungszentrum. Diese vier Biobauern aus dem Raum Leibnitz haben diese Idee umgesetzt und

30 Biobauern aus der Süd-, West- und Oststeiermark beliefern das Zentrum mit hochwertigen Lebensmitteln. Wichtig ist der große Verkaufsladen mit ca. 450 Produkten von kontrollierten Betrieben, die teilweise „erlebbar" gemacht werden, vom Getreidemahlen bis zum Brotbacken. Ein erlesenes Speisenangebot aus der bodenständig bäuerlichen und vegetarischen Küche wird in der Natur-Genußschenke angeboten. Der „Frischehof" sieht sich auch als Drehscheibe für ein naturbiotisches Ernährungs- und Lebensstilprogramm „leichter durchs Leben" mit kompetenten Partnern – praktischen Ärzten, Psychologen, Lebensmittel- und Diätberaterinnen und Fitneßbetrieben. Die Inhalte werden in einem eigenen Seminarraum theoretisch und in der Schauküche praktisch vermittelt. Der Motor des ganzen ist Frau Maria Robier, die mit unendlichem Einsatz tätig ist. Denn die angrenzenden Gemüsefelder der Familie Robier, die ihre Produkte direkt im „Frischehof" verarbeitet, sind in das Schauerlebnis eingebunden. Für Kinder gibt es einen eigenen Erlebnisbereich.

ROSENAUER PETER (149)

Inhaber: Peter **ROSENAUER**
Adresse: Wieden 8, **8345 STRADEN**
Telefon: 03473/7232
Mitglied: g.g.A.
Produkte: Kernöl, Tomaten, Paprika

ROSENBERGER DORIS UND GEORG (150)

Inhaber: Doris und Georg **ROSENBERGER**
Adresse: Floing 30, **8183 FLOING**
Telefon: 03177/2248, **Fax:** 03177/2248-4
Mobiltelefon: 0676/5169714
E-mail: doris.rosenberger@sime.com
Produkte: Kernöl, Obst
Öffnungszeiten: täglich
Zimmer: 5 Ferienhäuser, Urlaub am Bauernhof
Besonderheiten: Am Südhang des Rabenwaldes mit herrlichem Fernblick in das oststeirische Hügelland, erwarten Sie fünf ganzjährig bewohnbare Ferienhäuser. Den Gästen steht ein Schwimmbad, Spiel- und Sportplatz, Fischteich und ein Kräutergarten zur Verfügung. Frau Doris verwöhnt Sie mit Kernölspezialitäten und Selbsterzeugtem vom Obstbauernhof.

RÖSSLER MANFRED UND ANNA (151)

Inhaber: Manfred und Anna **RÖSSLER**
Adresse: Weitersfeld 60, **8473 WEITERSFELD**
Telefon: 03472/2073
Mitglied: g.g.A.
Produkte: Kernöl

Das „Sonnengelbe Bio-Zeichen“ für Lebensmittel aus biologischer Landwirtschaft

BIO ERNTE AUSTRIA

Kreislaufwirtschaft

Wir arbeiten nach den Grundsätzen des biologischen Landbaus - mit den Kräften der Natur - in einer nachhaltigen Kreislaufwirtschaft.

Die Erhaltung der natürlichen Bodenfruchtbarkeit, der Anbau widerstandsfähiger Pflanzen und eine artgerechte Tierhaltung bilden die Prinzipien des Biolandbaus um den Menschen eine ERNTE anzubieten, die lebendig ist und so das Leben fördert.

Sicherheit durch Kontrolle

Unser Markenzeichen steht für durchgehende Warenflußkontrollen vom Bio-Bauern über den Verarbeitungsbetrieb und Handel bis zum Konsumenten.
Die Kontrollen erfolgen mindestens einmal jährlich durch staatlich zugelassene Kontrollstellen, damit wo BIO draufsteht auch BIO drin ist.

Lust auf Bio-Lebensmittel?

Den steirischen Einkaufsführer für Lebensmittel aus biologischer Landwirtschaft erhalten Sie im Büro:
ERNTE für das Leben Steiermark
Krottendorfer Straße 81, 8052 Graz
Tel. 0316/281936
Internet: www.bio-ernte.at oder bioclub.at

SAUER CÄCILIA (152)

Inhaber: Cäcilia **SAUER**
Vulgoname: Marx
Adresse: Eichberg 86, **8453 EICHBERG-TRAUTENBURG**
Telefon: 03456/2119
Mitglied: Gutes vom Bauernhof
Produkte: Kernöl, Freilandeier. Obst: Frühäpfel, Pfirsiche, Zwetschken, Kastanien. Bäuerliche Backwaren auf Bestellung: Weißbrot, Kletzenbrot, hausgemachte Mehlspeisen.
Öffnungszeiten: täglich
Verkaufsstellen: Klapothek Arnfels
Zufahrt: A9 – Abfahrt Leibnitz, Richtung Arnsfels, nach Großklein, in Gündorf kurz vor Ortsende bei der Abzweigung nach Gleinstätten links, der Beschilderung Eichberg nach, ca. 1 km bis zum Waldanfang, rechts zum grünen Haus
Besonderheiten: Eine tüchtige Frau, die ihre Begabung im Backen darstellt. Zwölf Jahre fuhr sie auf den Bauernmarkt nach Leibnitz, doch durch die pflegebedürftige Mutter mußte sie damit aufhören. Den Kunden gehen ihre mit Liebe zubereiteten Mehlspeisen ab. Daher hat sie auf Ab-Hof-Verkauf oder Zulieferung auf Bestellung umgestellt. Ihre Spezialität sind hausgemachte Mehlspeisen für kleine und große Feiern oder für Geburtstage. Sie geht auch auf spezielle Wünsche ein. Vielleicht tritt einmal die Tochter in ihre Fußstapfen – obowhl erst 11 Jahre, bäckt sie schon eifrig Kuchen. Auch für Gästezimmer wäre der Platz vorhanden. Abwarten was diese sympathische Frau noch alles machen wird.

SCHANTL ALOIS (153)

Inhaber: Alois **SCHANTL**
Adresse: Weitersfeld 72, **8473 WEITERSFELD a. d. Mur**
Telefon: 03472/2991, **Fax:** 03472/2991
Mitglied: g.g.A.
Produkte: Kernöl, Knabberkerne, Honig

SCHARLER CHRISTIAN (154)

Inhaber: Christian **SCHARLER**
Adresse: Kaltenbrunn 9, **8200 GLEISDORF**
Telefon: 03112/3146
Mitglied: g.g.A.
Produkte: Kernöl, Brennholz (kurz oder lang) – auch zugestellt

FAM. SCHERÜBL (155)

Inhaber: Fam. **SCHERÜBL**
Vulgoname: Peterhausl
Adresse: Unterjahring 26, **8505 ST. NIKOLAI i. Sausal**
Telefon: 03185/2940, **Fax:** 03185/2940
Internet: www.discover.com.peterhausl
Mitglied: g.g.A., Arge Kürbisbauern Mureck
Produkte: Kernöl, Knabberkerne
Öffnungszeiten: täglich
Zimmer: 2 DZ, 1 EZ, 1 3-Bett-Zimmer, Urlaub am Bauernhof
Besonderheiten: Der Bauernhof vlg. Peterhausl wird umweltfreundlich geführt. Die alte Obstpresse von 1886 und das Kellerstöckl werden wie ein Museum erhalten. Die sehr ruhige Panoramalage am sonnigen Hügel mit Sicht auf Kitzeck und St. Nikolai i. S. (2 km) umgeben von Wiesen, Obstgärten und Wäldern, wird auch als Ausgangspunkt für Wanderungen und Radtouren besonders geschätzt. Landschaftspflege, Brauchtum und emsig arbeitende Landwirte sorgen für ein gelungenes Umfeld und somit für eine Umgebung, die es wert ist „erforscht" zu werden.

SCHERÜBL GERTRUDE (156)

Inhaber: Gertrude **SCHERÜBL**
Adresse: Schönberg 19, **8411 HENGSBERG**
Telefon: 03185/2588
Mitglied: g.g.A.
Produkte: Kernöl, Knabberkerne, Weidenkörbe

FAM. SCHEUCHER/SCHANTL (157)

Inhaber: Fam. **SCHEUCHER/SCHANTL**
Vulgoname: Otter
Adresse: Labuttendorf 20, **8423 LABUTTENDORF**
Telefon: 03184/4080, **Fax:** 03184/4012

E-mail: scheucher.wein@netway.at
Produkte: Kernöl. Vom Betrieb Scheucher: Wein, Edelbrände, Liköre, Honig, Wurst, Selchwaren, Geschenkkörbe
Öffnungszeiten: vorher anrufen (So Ruhetag)
Zufahrt: A9 – Abfahrt St. Veit, Richtung Bad Radkersburg, links nach Labuttendorf. Im Ort nach der Tankstelle rechts, wenige Meter der Beschilderung nach.
Besonderheiten: Die Eltern und der Bruder von Frau Scheucher bauen in St. Nikolai ob Draßling exklusiv für das Weingut Scheucher die Kürbisse an. Nach sorgfältiger Trocknung und Röstung wird je nach Bedarf das Öl gepreßt, damit die verwöhnten Kunden von Frau Scheucher stets frisches Öl bekommen. Daher der Verkauf ausschließlich über das Weingut.

SCHILLINGER EDUARD (158)

Inhaber: Eduard **SCHILLINGER**
Adresse: Waasen 17, **8345 STRADEN**
Telefon: 03473/7542, **Fax:** 03473/7542
Mitglied: g.g.A.
Produkte: Kernöl, Knabberkerne, Tomaten, Paprika, Salat, Gurken, Kraut, Zucchini, Pfefferoni

SCHLÖGL FRANZ UND BRIGITTE (159)

Inhaber: Franz und Brigitte **SCHLÖGL**
Adresse: Oberlungitz 13, **8230 HARTBERG**
Telefon: 03332/64804
Mitglied: g.g.A.
Produkte: Kernöl

SCHMID FRANZ (160)

Inhaber: Franz **SCHMID**
Adresse: Prarath 19, **8443 GLEINSTÄTTEN**
Telefon: 03457/2328
Mitglied: g.g.A.
Produkte: Kernöl, Knabberkerne, Kürbiskerne, Geschenkflaschen
Öffnungszeiten: täglich
Verkaufsstellen: „Bauernecke Gleinstätten", Landwirtegenossenschaft
Zufahrt: A9 – Abfahrt Wildon, nach Gleinstätten, durch den Ort Richtung Gleinstätten, nach dem Ziegelwerk, beim Bildstock links, im Dorf Prarath bei der Kapelle rechts halten, nach ca. 50 m wieder rechts (g.g.A.-Schild)

Besonderheiten: Eine äußerst bemühte Familie, die sich neben der Schweinemast verstärkt dem Kernöl zugewendet hat. Auch hier widmet sich die Frau der liebevollen Präsentation und Dekoration rund um den Kürbis.

SCHMIDT FRANZ UND MONIKA (161)

Inhaber: Franz und Monika **SCHMIDT**
Adresse: Zettling 37, **8141 UNTERPREMSTÄTTEN**
Telefon: 03135/55051, **Fax:** 03135/55051
Mobiltelefon: 0676/3570055
Mitglied: g.g.A.
Produkte: Kernöl, Kartoffel, Milch, Gemüse, Rindfleisch

SCHMUCK JOHANN (162)

Inhaber: Johann **SCHMUCK**
Adresse: Blumauweg 77, **8530 DEUTSCHLANDSBERG**
Telefon: 03462/7003, **Fax:** 03462/7003
Mitglied: g.g.A.
Produkte: Kernöl

SCHWEINZER JOSEF (163)

Inhaber: Josef **SCHWEINZER**
Adresse: Mühldorf 84, **8330 FELDBACH**
Telefon: 03152/3405
Mitglied: g.g.A.
Produkte: Kernöl

FAM. SEINER (164)

Inhaber: Fam. **SEINER**
Vulgoname: Krennbauer
Adresse: Wieselsdorf 8, **8504 PREDING**
Telefon: 03185/2234
Mitglied: g.g.A.
Produkte: Kernöl

FAM. SEMLITSCH (165)

Inhaber: Fam. **SEMLITSCH**
Adresse: Deutsch-Haseldorf 2, **8493 KLÖCH**
Telefon: 03475/7633, **Fax:** 03475/7633
Mitglied: g.g.A.
Produkte: Kernöl, Knabberkerne, Äpfel (ganzjährig), Obst (Zwetschken, Birnen, Beeren nach Saison), Apfelsaft, Traubensaft, Obstsirupe, Most, Käferbohnen

SIENER FRANZ UND HELGA (166)

Inhaber: Franz und Helga **SIENER**
Vulgoname: Stiefingschneider
Adresse: Stiefing 14, **8413 ST. GEORGEN/STIEFING**
Telefon: 03183/8222, **Fax:** 03183/8222
Mitglied: g.g.A.
Produkte: Kernöl, Bauernbrot (auf Bestellung)
Öffnungszeiten: täglich
Zufahrt: A9 – Abfahrt Wildon, Richtung St. Georgen, Ortsende Hart, Stiefing, bei der Wasserschutzgebietstafel links, 3. Einfahrt rechts.
Besonderheiten: Der Familie Siener ist es ein Anliegen, ihre Kunden über die Reinheit, Echtheit und schonende Herstellung ihres Kernöls zu informieren. Sie lagern die Kerne ausschließlich in Papiersäcken. Das Öl wird nur in hygienisch einwandfreie neue Flaschen abgefüllt. Es kann am Hof mit dem selbstgebackenen knusprigen Bauernbrot verkostet werden. So lernt man am besten diesen vorbildlich renovierten „Musterhof" kennen. Ein langjähriger Familienbesitz mit dem Stall aus dem Jahre 1889 und dem Wohnhaus aus 1837. In der Mitte des Hofes haben sie eine Blumen-Grünlandschaft angelegt. Ein Familienbetrieb, in dem die rührige Bäurin, Absolventin der Landwirtschaftlichen Fachschule Haidegg alles im

Griff hat. Außerdem ist sie noch als Ortsbäuerin und im Gemeinderat tätig. Der Hausherr ist zusätzlich im Kirchenchor, der Sohn bei der Musikkapelle Wildon. Der Radweg der Region Stiefingtal führt beim Hof vorbei.

FAM. SITZWOHL (167)

Inhaber: Fam. **SITZWOHL**
Vulgoname: Lindenhof am Steinberg
Adresse: Steinberg 70, **8333 RIEGERSBURG**
Telefon: 03153/8360, **Fax:** 03153/8360-10
Mitglied: g.g.A., Gutes vom Bauernhof
Produkte: Kernöl, Brot und Gebäck (frisch gemahlenes Getreide), Freilandeier, Gemüse, Himbeeren, Liköre, Marmeladen, Obst, Schnäpse (eigener Hofladen)
Öffnungszeiten: täglich
Zimmer: 1 DZ, 2 Ferienwohnungen f. je 4 Personen, Urlaub am Bauernhof

Zufahrt: A2 – Abfahrt Ilz, Richtung Feldbach, 2 km vor Riegersburg rechts nach Steinberg (Beschilderung), von Feldbach 1,5 km, nach dem Schloß Kornberg links
Besonderheiten: Inmitten des steirischen Vulkanlandes liegt dieser Bauernhof mit Blick auf die Riegersburg und verspricht für die ganze Familie einen erlebnisreichen Aufenthalt. Geboten werden: Gästeabholdienst, organisierte Ausflugsfahrten, Fahrradverleih, markierte Wege, Tennisplätze und Seebad (in der Nähe). Eine Attraktion für die Gäste ist der steirische Grillabend mit Volkstanz und Gesang.

STELZL ANNI UND WALTER (168)

Inhaber: Anni und Walter **STELZL**
Adresse: Tunauberg 12, **8455 OBERHAAG**
Telefon: 03455/6161
Mitglied: g.g.A., Schilcherland
Produkte: Kernöl, Säfte, Quitten-Marmelade, Mispel-Marmelade

FAM. STIENDL-BERGMOAR (169)

Inhaber: Fam. **STIENDL-BERGMOAR**
Adresse: Waldschach 33, **8505 ST. NIKOLAI/S.**
Telefon: 03185/2018
Mitglied: g.g.A.
Produkte: Kernöl

STOCK FRANZ (170)

Inhaber: Franz **STOCK**
Vulgoname: Mooskraut
Adresse: Großfelgitsch 25, **8081 HEILIGENKREUZ A. WAASEN**

Telefon: 03134/2406
Mitglied: g.g.A., Integrierte Produktion
Produkte: Kernöl, Knabberkerne, Käferbohnen, Honig, Edelbrände, Obstler, Weinbrand
Öffnungszeiten: täglich
Verkaufsstellen: Winterleitner, Einöd 20, Kitzeck

Zufahrt: Von Graz die B 73 Richtung Feldbach, rechts nach Heiligenkreuz, von Heiligenkreuz Richtung Kleinfelgitsch, nach Kleinfelgitsch rechts, ca. 1 km, gegenüber der Kapelle auf der linken Seite

Besonderheiten: Hier finden wir einen der größten Bauernhöfe dieser Gegend, der neben der Viehwirtschaft mit Rindern, Schweinen, Hühnern und Katzen auch Ackerwirtschaft betreibt. Neben der maschinellen Vorarbeit werden die Kürbisse mit Hand geheindelt. Alt und jung wohnen im sauber renovierten Wohnhaus im Erzherzog-Johann-Stil aus 1848. Seit der Vater in Pension ist, fährt er gerne in seine frühere Heimat, die Obersteiermark und liefert gleich das Kernöl dorthin. Die junge Bäurin stammt aus dem Kitzecker Gebiet und so ist in Einöd 20 auch eine Kernölverkaufsstelle.

STOISSER'S HOFLADEN (171)

Inhaber: Romana und Franz **STOISSER**
Vulgoname: Dorfkoller
Adresse: Dorfstraße 55, **8403 ST. MARGARETHEN/ LEBRING**
Telefon: 03182/3107, **Fax:** 03182/3107
Mitglied: g.g.A., Gutes vom Bauernhof
Produkte: Kernöl, Fleischspezialitäten wie: Geselchtes, Selchwürstel, Jausenwurst, Fleischaufstrich, Selchfleischaufstrich, Leberbrotaufstrich, Breinwürstl, Grillwürstl, Schmalz, Grammelfett, Eier, Säfte: Holunderblütensaft, Isabellatraubensaft, diverse Marmeladen. Geschenkkörbe, kalte Platten, Brötchen, Christbäume aus eigenen Kulturen. Von anderen Betrieben: Topfen, Topfen-Frischkäse, Honig, Kartoffel, Äpfel, Wein, Schnaps, Kräutertee, Bauernbrot
Öffnungszeiten: Fr 16–18 Uhr, Sa 8–12 Uhr, sonst tel. Anfrage

Zufahrt: A9 – Abfahrt Lebring, links Richtung St. Margarethen, Pfarrkirche, ca. 1 km bis zur Weggabelung links, dann das erste Haus
Besonderheiten: Sie wollte Familie und Landwirtschaft verbinden. Herr Stoißer geht einem Nebenberuf nach. Miteinander kam die Idee in die Direktvermarktung einzusteigen. Als gelernte Kauffrau lag es nahe, einen Hofladen zu eröffnen. Alles ist am neuesten Stand, vom Verarbeitungs-, Reife-, Kühl- bis hin zum Verkaufsraum. Die Wirtschaft mit Hühnern und Schweinen liegt etwa 400 m entfernt. Ihr Bemühen ist es, den Kunden das Gefühl zu geben, jederzeit willkommen zu sein. Frau Stoißer ist sehr kontaktfreudig, unterhält sich gerne und dabei kommt es oft zu Fachgesprächen. Durch ihre vielen Kurse und Arbeitskreise ist sie eine Fachfrau geworden und ist mit Freude dabei. So hat sich zu den Kunden, die vorwiegend aus der näheren Umgebung kommen, ein freundschaftliches Verhältnis aufgebaut. Sie ist mit Freude bei allem dabei, ob es um den Garten, die Blumen oder die Kürbisäcker rund ums Haus geht. Ein ganz besonderes Service für die Kunden ist der Geschenkkorb, auch sonntags bis 10 Uhr ganz frisch. Als Überraschung für die Kunden – das Hoffest im Jahr 2000, mit dem gleichzeitig das fünfjährige Bestehen gefeiert wird.

STRABLEGG EVA UND ANTON (172)

Inhaber: Eva und Anton **STRABLEGG**
Vulgoname: Pitschga
Adresse: Narrath 10, **8452 GROSSKLEIN**
Telefon: 03456/2326, **Fax:** 03456/2326
Internet: www.discover.com-strablegg
Mitglied: Gutes vom Bauernhof, Saggautaler Erlebniswochen
Produkte: Kernöl, Welschriesling, Weißburgunder, Morillon, Sämling, Muskateller, Apfelsaft, Traubensaft, Melissensaft, Ribiselsaft, Holunderblütensaft
Öffnungszeiten: täglich außer So nachmittag
Zimmer: 3 DZ, Ferienwohnung f. 4 Personen, Urlaub am Bauernhof
Zufahrt: A9 – Abfahrt Leibnitz, Richtung Arnfels, nach Großklein, nach 2 km im Ort Narrath weist links an der Straße die Hinweistafel zum wenige Meter oberhalb der Straße gelegenen Hof

Besonderheiten: Am Fuße des Eichberger Rebenlandes liegt dieser Hof mit einem Wohnhaus im Erzherzog-Johann-Stil aus 1850. Die Rückführung des Hauses bei der Restaurierung sowie die Zimmer am Bauernhof, kann man als äußerst gelungen bezeichnen. Den Gästen steht noch ein uriges Ferienhaus mitten im Weingarten zur Verfügung. In dessen neugebauten Keller werden auch Verkostungen durchgeführt. Am Tag der offenen Kellertüre gibt es nur hausgemachte Speisen, auch mit Kernöl, zur Freude vieler Gäste. Auch Hof- und Stallbesichtigungen sind möglich. An Tieren gibt es Pferde, Schweine, Katzen und Hühner. Neben verschiedenen Kulturen wie Getreide, Mais und Raps wird immer schon Kürbis angebaut. Für Kinder und Gäste werden im Herbst „Kürbislotter" geschnitzt und so mancher Hausgast nahm Kürbisse mit nach Hause, um selbst einen zu setzen. Doch meist ist telefonische Nachhilfe erwünscht und so bleibt der Kontakt durch den Kürbis erhalten. Eine überaus liebenswürdige junge Familie, bei der auch die drei Kinder fleißig mithelfen. Vor kurzem kam Nachwuchs Nummer vier, was aber Frau Eva nicht hinderte, vorher an einer der zahlreichen Messen oder Präsentationen teilzunehmen. Ihr persönlicher Einsatz und das Engagement außerhalb des Hofes tragen viel zum Erfolg und der Qualität dieses Bauernhofes bei.

STUBENRAUCH CHRISTINE (173)

Inhaber: Christine **STUBENRAUCH**
Adresse: Forsterstraße 53, **8142 WUNDSCHUH**
Telefon: 03135/51175
Mitglied: g.g.A.
Produkte: Kernöl, Knabberkerne (natur, Vanille, Kaffee, gesalzen)

STUBENRAUCH MANFRED (174)

Inhaber: Manfred **STUBENRAUCH**
Adresse: Dorfstraße 32, **8401 KALSDORF B. GRAZ**
Telefon: 03135/56640
Mobiltelefon: 0664/2554430
Mitglied: g.g.A.

Produkte: Kernöl, Knabberkerne (natur, geröstet, gesalzen)
Besonderheiten: Kürbisputzarbeiten mit Mähdrescher und Trocknungsarbeiten

STUHLHOFER BRIGITTE (175)

Inhaber: Brigitte **STUHLHOFER**
Adresse: Untertiefenbach 9, **8224 KAINDORF**
Telefon: 03334/2828
Mitglied: g.g.A.
Produkte: Kernöl, Kürbisknabberkerne, Selchprodukte, Holzofenbrot, Schnäpse, Apfelsaft, Verhackert, Grammelschmalz

SUMMER JOHANN UND JOHANNA (176)

Inhaber: Johann und Johanna **SUMMER**
Vulgoname: Goller
Adresse: Diepersdorf 14, **8482 GOSDORF**
Telefon: 03474/8291, **Fax:** 03474/8291
Mitglied: g.g.A., Gutes vom Bauernhof
Produkte: Kernöl, Knabberkerne (natur, geröstet, süß), Käferbohnen, Honig, Eier; Postversand

Öffnungszeiten: täglich
Zufahrt: A9 – Abfahrt Vogau oder Gersdorf, Richtung Bad Radkersburg, nach Gosdorf, in der Ortsmitte von Diepersdorf auf der rechten Seite (Beschilderung – Fahrrad)
Besonderheiten: Der Radrennfahrer als Kernölbauer – dies ist hier zutreffend. Denn der Hausherr war in seiner aktiven Zeit sogar dreimal bei der Olympiade dabei. Nun setzt sein Sohn diese Tradition fort. Die Familie ist seit vielen Jahren als Direktvermarkter aktiv und hat daher als ihr Markenzeichen das Fahrrad vor der Türe – mit „Kürbisrädern" und der Kernölflasche als Durstlöscher. „Wer gut schmiert, fährt gut", meint der humorvolle Hausherr. Wenn der österreichische Radsport wie geschmiert fährt, liegt dies sicher am Summer-Öl, denn sie beziehen ihr Kernöl von ihm.

SÜSS ALOISIA UND RUDOLF (177)

Inhaber: Aloisia und Rudolf **SÜSS**
Adresse: Mantrach 52, **8452 GROSSKLEIN**
Telefon: 03456/2608
Mitglied: Ernte
Produkte: Kernöl, Knabberkerne, Getreide (Dinkel, Weizen – auch frisch gemahlen), Konfitüren, Apfelessig. Postversand
Öffnungszeiten: täglich – besser vorher anrufen
Zimmer: 5 DZ, Urlaub am Bauernhof
Zufahrt: A9 – Abfahrt Leibnitz, Richtung Heimschuh, Großklein. In Großklein, Ortsmitte beim Museum rechts nach Kleinklein, dort Richtung Ölmühle Mantrach der Beschilderung nach, rechts an der Straße gelegen.
Besonderheiten: Bei dieser kinder- und katzenliebenden Familie fühlt man sich wohl. Seit dem Jahre 1992 haben sie auf biologischen Landbau umgestellt. Eine tüchtige Familie mit genauester Arbeitsteilung. Die Frau des Hauses, als Lehrerin tätig, ist vor und nach der Schule für die Gäste zuständig und verwöhnt mit hauseigenen Produkten wie z.B. mit dem Kürbiskernbrot. Von der Terrasse sieht man nach Kitzeck und auf die Kürbisfelder. Im Herbst wird meist für die Kinder ein Kürbisschnitzen veranstaltet. Als besonderes Service werden Ausflugsfahrten durch die Südsteiermark mit hauseigenen Kleinbussen geboten.

TEICHTMEISTER RUDI (178)

Inhaber: Rudi **TEICHTMEISTER**
Adresse: Obervogau 90, **8472 OBERVOGAU**
Telefon: 03453/4579, **Fax:** 03453/4579
Produkte: Kernöl, Knabberkerne; Postversand
Öffnungszeiten: täglich
Verkaufsstellen: Buschenschank Walter Skoff
Zufahrt: A9 – Abfahrt Leibnitz, auf der Bundesstraße 67, Richtung Spielfeld, nach Landscha liegt rechterhand der Hof (Beschilderung)
Besonderheiten: Ein schmucker Hof mit vielen Blumen an der Bundesstraße gelegen. Die Kürbisäcker sind in der Umgebung verstreut. Früher gab es noch Schweine am Hof, doch das junge Ehepaar konzentriert sich nur mehr auf Kernöl und Knabberkerne. Die flotte, junge Frau treffe ich gerade, bevor sie zum „Kürbishacken" fährt,

denn das Unkraut wird teilweise händisch entfernt. Ein dynamisches Ehepaar, das auch mit einer „Kernöl Homepage“ im Internet vertreten ist. Wenn man Glück hat, bekommt man bei einer Kernölverkostung auch eine der gebackenen Köstlichkeiten der Hausfrau zu verkosten.

FAM. TISCHLER (179)

Inhaber: Fam. **TISCHLER**
Adresse: Pernitsch 20, **8451 HEIMSCHUH**
Telefon: 03452/73808 od 83522
Mitglied: Bio-Ernte Austria
Produkte: Kernöl, Dinkel, Weizen, Roggen als Korn, Schrot oder Mehl, Brotbackmischungen (Gewürz-, Hildegard-, Kürbiskern-, Walnuß-, Sauermilch-, Sonnenblumen-, Milchbrot), Sirup, Säfte, Konfitüren, Obst, Kräuter, Eßtrauben von verschiedenen Direktträgersorten; Postversand!
Öffnungszeiten: Sa 9–12 Uhr und nach tel. Anmeldung
Zufahrt: A9 – Abfahrt Leibnitz, Richtung Gleinstätten, nach der Weinbauschule Silberberg rechts Richtung St. Nikolai, nach 500 m links (Tafel Bio-Produkte), dann 3 km bis zum Haus (Beschilderung)
Besonderheiten: Der Hit von Frau Regina sind die fertigen Brotbackmischungen, die auch der gestreßten Frau das Brotbacken ermöglichen. Mit dem Ab-Hof-Verkauf begann man in Kaindorf schon im Jahr 1989. Seit eineinhalb Jahren gibt es in Pernitsch samstags den Direktverkauf gleich bei der Produktionsstätte mitten im Grünen. Mittlerweile gibt es Kooperationen mit Bioläden und anderen Handelsketten. Der Initiator für den Biobetrieb war der Sohn, doch mittlerweile sind die Eltern voll eingestiegen. Der Beginn mit dem Getreide hat sich nun auch auf andere Produkte ausgeweitet. Das Bio-Kernöl erfreut sich von Graz über Wien bis nach Deutschland großer Beliebtheit. Die Kinder des Hauses sind die besten Werbe- und Vermarktungsträger.

FAM. TREICHLER-FASSOLTER (180)

Inhaber: Fam. **TREICHLER-FASSOLTER**
Adresse: Mühlaustraße 56, **8501 LIEBOCH**
Telefon: 03136/62223
Produkte: Kernöl, Apfelsaft, Fruchtsäfte, Erdbeeren, Himbeeren, Äpfel, andere diverse Obstarten

FAM. TRETTAN (181)

Inhaber: Fam. **TRETTAN**
Adresse: Diepersdorf 17, **8482 GOSDORF**
Telefon: 03474/8498, **Fax:** 03474/8498
Mitglied: g.g.A., Gutes vom Bauernhof, Grüne Börse Radkersburg
Produkte: Kernöl, Knabberkerne, Eier, Apfelsaft, Sirupe, Gemüse nach Saison, Ansatzschnäpse, Honig, Kunsthandwerk
Öffnungszeiten: täglich
Zufahrt: A9 – Abfahrt Gersdorf, Richtung Radkersburg, Ort Diepersdorf links an der Straße (großes Schild)
Besonderheiten: Die Besichtigung des Bauernhofes mit Schweinen, Enten, Hasen und Katzen ist selbstverständlich. Im Hofladen gibt es des öfteren Kostproben von Kürbis- und Kernölspezialitäten. Aufstriche, Kürbissuppe oder Kernölkuchen – je nach Saison – werden sie auf der Werbetafel aufgeschlagen. Auf Wunsch gibt es auch die Hausrezepte dazu. Ein junges Ehepaar, das im Familienbetrieb neue Wege sucht. Ihr Ziel ist es bis ins Jahr 2000 in die Fleischdirektvermarktung einzusteigen. Nachdem noch vier kleine Kinder am Hof sind, ist für Gastkinder ein Kinderspielplatz vorhanden. Zweimal wurde hier ein Gangl adoptiert und hießen nachher Trettan, waren aber nicht miteinander verwandt. Wenn Sie mehr über die Familiengeschichte erfahren wollen, kommen Sie einfach hierher.

TRUMMER EDUARD (182)

Inhaber: Eduard **TRUMMER**
Adresse: Altenmarkt 15, **8280 FÜRSTENFELD**
Telefon: 03382/52354
Mitglied: g.g.A.
Produkte: Kernöl

FAM. TSCHERNER (183)

Inhaber: Fam. **TSCHERNER**
Adresse: Ratzenau 29, **8482 GOSDORF**
Telefon: 03474/8228 und 7289, **Fax:** 03474/8228
Mitglied: Gutes vom Bauernhof
Produkte: Kernöl, Knabberkerne natur, Freilandeier, Honig, Edelbrände, Ansatzschnäpse, Apfelessig, Kunsthandwerk, Geschenkideen wie Steirersteign (wie Geschenkkorb) – hofeigener Bauernladen; Fremdprodukte: Wein, Säfte
Öffnungszeiten: täglich
Zimmer: Appartement f. 5 Personen
Zufahrt: A9 – Abfahrt Gersdorf, Richtung Bad Radkersburg, in Gosdorf steht rechterhand ein großes Schild (neben einer Fichte) Bauernladen und Appartements
Besonderheiten: Den seit dem Ende des 18. Jahrhunderts bestehenden Erbhof führen sie als naturverbundenen und qualitätsorientierten Familienbetrieb. Klima und Boden dieser Gegend hat sich als bestens für den Kürbisanbau erwiesen. Die Nähe zu Bad Radkersburg und zum Röcksee macht sich für den Einkauf im Bauernladen und bei der Auslastung des Appartements bemerkbar. Ein Radweg liegt gleich hinter dem Haus. Nachdem auch Reitwege in der Nähe sind, sollen die Stallungen sinngemäß verwertet werden. Er ist ein moderner Bauer, der am Computer sitzt und weiterdenkt. Unterstützt wird er von seiner Frau, die gerne an ihren Handarbeiten bastelt. Bekannt ist sie vor allem für die Osterausstellung mit bäuerlichem Kunsthandwerk, die sie mit Frau Giesauf am Hof veranstaltet. Kinderfreundlichkeit wird hier großgeschrieben und daher sind auch die Kleintiere wie Katzen, Hasen und Hühner zum Streicheln gedacht. Vielleicht kommen in Kürze kleine „Freilandschweine".

VIERECK FRANZ UND ANNA (184)

Inhaber: Franz und Anna **VIERECK**
Adresse: Pfarrsdorf 3, **8490 BAD RADKERSBURG**
Telefon: 03476/3491
Mitglied: g.g.A.
Produkte: Kernöl, Knabberkerne, Eier, Frühkartoffel, ab Herbst 2000 Käferbohnen

WAGIST JOHANN UND ERNESTINE (185)

Inhaber: Johann und Ernestine **WAGIST**
Adresse: Unterzirknitz 25 A, **8091 JAGERBERG**
Telefon: 03184/8644
Mitglied: g.g.A.
Produkte: Kernöl, Kürbiskerne, Dinkel

WAGNER IRMGARD UND JOSEF (186)

Inhaber: Irmgard und Josef **WAGNER**
Adresse: Oberstorcha 29, **8324 KIRCHBERG A. D. R.**
Telefon: 03115/3976, **Fax:** 03115/3976-4
Mitglied: g.g.A.
Produkte: Kernöl

Im Zeichen der Sonne

stehen die

Schilcherland Spezialitäten

ls hochwertige regionale Qualitätsprodukte aus landwirtschaftlicher rzeugung, die strengsten Produktions- und Kontrollrichtlinien nterliegen. Qualität und Echtheit der Produkte werden durch das Markenzeichen, die Schilchersonne, garantiert.

nmitten zahlreicher verschiedener chilcherland Spezialitäten stellt das **00 % reine Kürbiskernöl** eine echte egionale Besonderheit dar. löchste Qualität und geschmackvolle ufmachung sind eine ehrliche inladung an den Kunden.

Zahlreiche Rezepte rund um den Kürbis finden Sie im Kochbuch **"Lukullus im Steirerjanker vom Schilcherland zum Dachstein"**. erhältlich beim

Verein für Schilcherland Spezialitäten
8530 Deutschlandsberg, Schulgasse 28
Tel. & Fax: 03462/2265-21
http://www.schilcherland.at
e-mail:schilcherland@schilcherland.at

WALLNER HERBERT (187)

Inhaber: Herbert **WALLNER**
Adresse: Weitendorf 38, **8410 WILDON**
Telefon: 03182/2538 oder 4426
Mitglied: g.g.A.
Produkte: Kernöl (auch Geschenkflaschen), Flaschenmost, Schnäpse

FAM. WALTER (188)

Inhaber: Fam. **WALTER**
Adresse: Dollrath 20, **8083 ST. STEFAN I. R.**
Telefon: 03116/8524
Mitglied: g.g.A.
Produkte: Kernöl

WEBER CHRISTIAN (189)

Inhaber: Christian **WEBER**
Adresse: Pölten 6, **8493 KLÖCH**
Telefon: 03475/2442
Mitglied: g.g.A.
Produkte: Kernöl, Knabberkerne, Käferbohnen, Traubensaft, Apfelsaft, Most, Edelbrände, Liköre, Wein
Öffnungszeiten: täglich
Zimmer: Urlaub am Bauernhof

WEINHAPPEL PETRA (190)

Inhaber: Petra **WEINHAPPEL**
Adresse: Muttendorf 48, **8143 DOBL**
Telefon: 03136/52908
Mitglied: g.g.A.
Produkte: Kernöl, erhältlich auch in Geschenkflaschen
Besonderheiten: Beim zweiten Betrieb: Reitclub mit 45 Pferden, 8503 Oisnitz

FAM. WELS (191)

Inhaber: Fam. **WELS**
Adresse: Winzendorf 54, **8225 PÖLLAU/HARTBERG**
Telefon: 03335/2122
Mitglied: g.g.A.
Produkte: Kernöl, Dinkel, Kulturheidelbeeren

WELSER EMILIE (192)

Inhaber: Emilie **WELSER**
Adresse: Lipsch 45, **8423 ST. VEIT/VOGAU**
Telefon: 03472/8142
Produkte: Kernöl, Bauernbrot, Germmehlspeisen wie Mohn-, Nußpotize, Buchteln, Topfentascherln, Topfenstrudel, Apfelkuchen, Gemüse je nach Saison, Obst (ungespritzt) je nach Saison, Preß-, Selch- und Bratwurst, Surbraten, Selch- und Frischfleisch auf Bestellung
Öffnungszeiten: täglich
Verkaufsstellen: Bauernmarkt Leibnitz Samstag, fallweise Mittwoch
Zufahrt: A9 – Abfahrt Vogau/Straß, Richtung Bad Radkersburg, nach der Aral-Tankstelle und Sägewerk, nach der Brücke links, der Tafel Obstbau Welser nach. Nicht bis Obstbau Welser, sondern vorher bei einem Fischteich links zum Bauernhof.
Besonderheiten: Am Bauernmarkt in Leibnitz warten die Kunden schon gespannt, welche neuen Speisen, wie z.B. den Surbraten, Frau Emilie diesmal bringt. Mit viel Liebe und Freude bäckt sie für ihre begeisterten Kunden und steht an Markttagen um 2 Uhr früh auf, um alles frisch zuzubereiten. Sie legt Wert auf beste Produkte. Es wird nur soviel produziert, wie sie alleine schafft, daher ist es bei Ab-Hof-Verkauf besser vorher anzurufen. Das Kernöl gibt es solange der Vorrat reicht, je nach Saison. Es wird möglichst oft frisch gepreßt. Hier wird das Bauernbrot noch im Backofen, der mit Holz geheizt wird, gebacken. Die Männer gehen voll in der Landwirtschaft auf und für ihre Produkte ist alleine Frau Welser zuständig – sie ist es mit Freude.

FAM. WIESER (193)

Inhaber: Fam. **WIESER**
Vulgoname: Reinbacher
Adresse: Gussendorf 58, **8522 GROSS ST. FLORIAN**
Telefon: 03464/2374, **Fax:** 03464/2374
Mitglied: g.g.A., Schilcherlandspezialitäten

Produkte: Kernöl, Kürbiskerne, Knabberkerne (auf Anfrage), Kürbiskernbrot, Bauernbrot
Öffnungszeiten: täglich
Verkaufsstellen: Bauernmarkt Groß St. Florian, Samstags
Zufahrt: A9 – Abfahrt Wildon über Preding, Richtung Deutschlandsberg, im Ortsteil Gussendorf – Groß St. Florian, nahe dem Feuerwehrhaus, das z. Zt. neu gebaute Haus im Hofensemble (Beschilderung)
Besonderheiten: Seit über 100 Jahren ist der Hof im Familienbesitz und jetzt leben vier Generationen unter einem Dach. Frau Rosa bäckt jeden Freitag Brot. Das Besondere dabei ist das Kürbiskernbrot. Nach einigen Versuchen ist das Hausrezept perfekt, denn früher hat die „Urli" alles gebacken. Die Schwiegertochter will die Tradition des Kürbiskernbrotes weiterführen, aber z. Zt. ist sie mit Kindern und Kernöl ausgelastet. Nicht immer ist die Ernte erfolgreich, denn einmal beim Hochwasser, weiß Frau Rosa, sind am Acker die ganzen Kürbisse obenauf geschwommen und nur einige konnten gerettet werden. Der Jungbauer und seine Frau sind offen für Neues und machen auch bei einem Internetprojekt über die Schilcherregion mit. Sie fahren auch mit dem Bio-Diesel aus dem eigenen Rapsanbau.

WIND-RESCH MARIA (194)

Inhaber: Maria **WIND-RESCH**
Vulgoname: Scharannerl
Adresse: Gussendorf 7, **8522 GROSS ST. FLORIAN**
Telefon: 03464/2409, **Fax:** 03464/2409
Mitglied: g.g.A., Schilcherland
Produkte: Kernöl
Öffnungszeiten: täglich
Zufahrt: A9 – Abfahrt Wildon über Preding, Richtung Deutschlandsberg, im Ortsteil Gussendorf – Groß St. Florian, zwei Häuser vor der Domäne Müller
Besonderheiten: Neben dem Scharweber ist der Scharwirt und hier ist die Scharannerl. Ein Hof mit ehemals Schweinen und Rindern, der immer im Nebenerwerb geführt wurde, bei dem noch der Kürbisanbau weitergeführt wird. Denn auch die Jugend geht arbeiten und so bemüht man sich um die Stammkunden und Urlauber. Besonderer Wert wird hier auf die naturnahe Bewirtschaftung gelegt.

WOLF KARL UND JOSEFA (195)

Inhaber: Karl und Josefa **WOLF**
Adresse: Ortsried 15, **8401 KALSDORF**
Telefon: 03135/52463
Mobiltelefon: 0664/2642919
Mitglied: g.g.A.
Produkte: Kernöl in verschiedenen Flaschengrößen

ZECK JOSEF UND KLAUDIA (196)

Inhaber: Josef und Klaudia **ZECK**
Adresse: Radiga 16, **8453 ST. JOHANN I. S.**
Telefon: 03456/3038
Mitglied: Gutes vom Bauernhof, Südsteirische Harmonie
Produkte: Kernöl, Wein, Holzofenbrot, hausgemachte Fleischspezialitäten
Öffnungszeiten: täglich
Verkaufsstellen: „Reschkeller", Eichberg 64, St. Johann
Zufahrt: A9 – Abfahrt Leibnitz, Richtung Arnfels, in Gündorf rechts Richtung Gleinstätten, in Radiga links der 1. Hof
Besonderheiten: Die bäuerlichen Produkte werden in Radiga am Hof erzeugt, in dessen Nähe sich die Kürbis-

felder befinden. Der Weingarten liegt am Eichberg, wo die Familie auch einen Buschenschank betreibt. Bescheiden meint der Silberbergabsolvent Herr Josef, daß man nicht nur Ab-Hof-Verkaufen kann, sondern auch hinaus muß. Durch Eigeninitiative haben sie einen Kundenstock in Oberösterreich aufgebaut und bringen dorthin Kernöl und Wein. Als Mitglied der Südsteirischen Harmonie kommen die Steirer im Jahre 1999 mit Wein, Kernöl und bäuerlichen Produkten nach Vorarlberg. Dies alles geschieht gemeinsam mit seiner energiegeladenen Frau Klaudia.

ZIRNGAST FRANZ UND MARIA (197)

Inhaber: Franz und Maria **ZIRNGAST**
Vulgoname: Krauser
Adresse: Kainach 2, **8410 WILDON**
Telefon: 03182/7514, **Fax:** 03182/7514
Mitglied: g.g.A.
Produkte: Kernöl, Honig (Verwandtschaft)
Öffnungszeiten: täglich
Verkaufsstellen: Marchtrenk, Oberösterreich, Leoben
Zufahrt: A9 – Abfahrt Wildon, gegenüber dem Friedhof
Besonderheiten: Ein sympathisches, bemühtes Ehepaar, das noch als eines der wenigen in dieser Gegend als Vollerwerbsbauer tätig ist. Seit der Bauernhof besteht, wurde Kürbis angebaut. Zur Zeit gibt es noch Schweine am Hof, wie lange wird die Nachfolge entscheiden. Das Grundstück gehörte früher zum Schloß Kainach. Der große Obstgarten erstreckt sich bis zur Kainachkapelle. Der naturtrübe Apfelsaft ist leider nicht im Verkauf – „weil er so gut ist" – meint der Hausherr schmunzelnd. Ein philosophischer Bauer, der sich so seine Gedanken macht. Übrigens haben Sie schon mal Vanilleeis mit Kernöl probiert? – eine Spezialität dieses Hauses.

FAM. ZITZ-SIEGL (198)

Inhaber: Fam. **ZITZ-SIEGL**
Vulgoname: Siegl
Adresse: Narrath 11, **8452 GROSSKLEIN**
Telefon: 03456/2452
Mobiltelefon: 0664/4842274
Mitglied: g.g.A., Südsteirische Harmonie
Produkte: Kernöl, Edelbrände, Wein, Kartoffel
Öffnungszeiten: täglich, Anmeldung erwünscht
Zimmer: 3 Doppelzimmer
Zufahrt: A9 – Abfahrt Leibnitz, über Großklein, Richtung Arnfels. Nach der Ortsendetafel Großklein ca. 1,5 km auf der linken Straßenseite, Autobushaltestelle gegenüber (Beschilderung).
Besonderheiten: Inmitten der südsteirischen Hügellandschaft liegt dieser Familienbetrieb und wird unter dem Motto „Klein, aber fein" geführt. Neben dem Weinbau wird noch der Bauernhof mit Acker- und Viehwirtschaft betrieben. Mit dem neuen Verkaufs- und Verkostraum wollen sie den Kunden ein besseres Angebot bieten. Der Jungbauer, noch halbtags beschäftigt, sucht noch weitere Vermarktungsschienen. Als Mitglied der Südsteirischen Harmonie ist er nicht nur als deren Schriftführer aktiv. Begonnen wurde mit dem gemeinsamen Vermarkten von Wein. Später kamen Imker, Landwirte und Zimmervermieter dazu und bilden ein Geflecht, das auch durch einen Wanderweg verbunden ist.

FAM. ZÖBL REGINA UND ANTON (199)

Inhaber: Regina und Anton **ZÖBL**
Adresse: Weitendorf 5, **8410 WILDON**
Telefon: 03182/7305, **Fax:** 03182/7305
Mitglied: g.g.A.
Produkte: Kernöl, Rapsöl, Knabberkerne

ÖLMÜHLEN UND ÖLPRESSEN

Mahlen – Rösten – Pressen der Kürbiskerne

ÖLMÜHLE KONRAD UND SIGRID AUER

Inhaber: Konrad und Sigrid **AUER**
Adresse: Großsteinbach 78, **8265 GROSSSTEINBACH**
Telefon: 03386/8276, **Fax:** 03386/8276
Mitglied: g.g.A.
Produkte: Kernöl, Knabberkerne (Hofladen)
Besonderheiten: Beim Pressen zuschauen.

BERGHOFER-MÜHLE KG

Inhaber: Fam. **BERGHOFER**
Adresse: Bahnhofstraße 25, **8350 FEHRING**
Telefon: 03155/2222-22, **Fax:** 03155/2222-20
Internet: www.bumerang.at
Mitglied: g.g.A.
Produkte: Kernöl, Knabberkerne, Rapsöl, frische Mehle wie Dinkelvollkorn-, Weizengraham-, Roggenvollmehl usw., Hirse-, Dinkel-, Hafer- und 5-Kornflocken, Geschenkkarton und Geschenkkörbe; versch. Honigsorten, Metwein, versch. Essigsorten, Teesorten, Müslis, Cornflakes, Misch- und Dörrobst, Teigwaren, Vollkornsauerteig, Brotgewürz, Trockenhefe, Brotkörbe; Postversand
Öffnungszeiten: Mo–Fr 7.30–12 und 13.15–17 Uhr, Sa 7.30–12 Uhr (Mühlenladen)
Zufahrt: A2 – Abfahrt Gleisdorf nach Feldbach, beim Kreisverkehr Abfahrt Richtung Fehring, bei der Kreuzung (Billa) links, Unterführung durch, direkt zur Mühle an der Raab
Besonderheiten: Den mächtigen Gebäuden der an der Raab gelegenen Berghofer-Mühle kann man sich nicht entziehen, ob man mit dem Auto oder per Fahrrad am Raabtalradweg Nr. 11 fährt. Die Mühle mit dem barokken Kern und Zubauten aus dem 19. und 20. Jahrhundert wurde bereits im 12. Jahrhundert erwähnt und ist älter als Fehring. Beim gegenüberliegenden Herrenhaus mit dem herrlichen Gewölbe, spürt man das „Herrschaftliche" und welche Bedeutung die Mühlen hatten. Im Jahre 1845 kam Johann Berghofer aus Blumau, durch Eheschließung in den Besitz des Anwesens, das früher zur Herrschaft Trautmannsdorf gehörte. Noch heute arbeiten in der fünften und sechsten Generation seine Nachkommen in der Mühle. Ursprünglich als Elektrizitätswerk, Kunst-Getreidemühle und Sägewerk geführt, wurde vor 100 Jahren die Getreidemühle um eine Ölmühle erweitert. Das Sägewerk wurde später stillgelegt. Wurde doch so treffend von K. Egle geschrieben: „Ein in vollem Betrieb stehendes Relikt aus der Zeit der industriellen Revolution." Denn seit jeher bedient man sich der Kraft des Wassers für die Produktion. Eine mächtige Kaplan- und eine 100-jährige Francisturbine liefern den Strom für die Getreide- und Kernölmühle. Vorbei an liebevoll dekorierten Strohpuppen mit Kürbissen gelangt man durch den Verkostraum zum beeindruckenden Preßraum. Mit der alten Steinmühle gemahlen, nach schonendster Röstung und mit der traditionellen Stempelpresse entsteht hier das mehrfach ausgezeichnete Kernöl – durch Gault Millau in der gehobenen Gastronomie und bei privaten Verkostungen. Die ganze Familie ist immer im Einsatz. Sogar der fünfjährige Junior baut schon in seinem Versuchsgarten Mais, Roggen und Weizen an und verpackt Kürbiskerne in kleine Säckchen. Besichtigungen und Führungen, auch für Schulen, durch die Getreide- und Ölmühle werden mittwochs und nach Terminvereinbarung durchgeführt, meist von der charmanten und kompetenten Tochter Liane, im Hauptberuf Lehrerin. Sie besucht Verkostseminare, bildet sich weiter und sucht neue Wege und Märkte. Aus der eigenen Landwirtschaft stammen die meisten Produkte im Mühlenladen, die auch per Postversand und Paketservice überall in die Welt exportiert werden. Die Züchtung von Hochlandrindern ist ebenfalls ein Novum und in Kürze der Ausstellungsraum mit alten Geräten.
Sonstiges: Mühlen-Führungen: Mi 10–12 und 13.30–17 Uhr oder nach Vereinbarung

ÖLMÜHLE BIRNSTINGL

Inhaber: Peter **BIRNSTINGL**
Adresse: Reiteregg 25, **8151 HITZENDORF**
Telefon: 03123/2717, **Fax:** 03123/2757
Mitglied: g.g.A.

CLEMENT FRITZ KG

Inhaber: Fritz **CLEMENT**
Adresse: Brückenkopfgasse 11, **8330 FELDBACH**
Telefon: 03152/2863-0, **Fax:** 03152/2863-74
Mitglied: g.g.A.

CLEMENT-MÜHLE

Inhaber: Gottfried **CLEMENT**
Adresse: Studenzen 31, **8322 STUDENZEN**
Telefon: 03115/2302
Mitglied: g.g.A.

AGNES EDER

Inhaber: Agnes **EDER**
Adresse: Jahrbach 1, **8091 JAGERBERG**

EICHER & SOHN

Adresse: Takern I 11, **8321 ST. MARGARETHEN a. d. Raab**
Telefon: 03112/2045

GABRIELE ERTLER

Inhaber: Gabriele **ERTLER**
Adresse: Raabau 1, **8330 FELDBACH**
Telefon: 03152/2314
Mitglied: g.g.A.

HANDELS- U. LOHN-ÖLPRESSE FRANZ ESTERER

Inhaber: Franz **ESTERER**
Adresse: Feldkirchen, **8073 FELDKIRCHEN**
Telefon: 0316/295112, **Fax:** 0316/295112
Mitglied: g.g.A.

ÖLMÜHLE FANDLER

Inhaber: Robert **FANDLER**
Adresse: Prätis 1, **8225 PÖLLAU**
Telefon: 03335/2263, **Fax:** 03335/2263-5
Mobiltelefon: 0664/1310802
E-mail: fandler@telecom.at
Mitglied: g.g.A.
Produkte: Kernöl, Distelöl, Erdnußöl, Hanföl, Haselnußöl, Leinöl, Mandelöl, Mohnöl, Olivenöl, Rapsöl, Sesamöl, Sonnenblumenöl, Walnußöl, Knabberkerne, Holzkassetten in allen Größen, Geschenkkörbe
Produkte anderer Betriebe: Apfelessig, alter Apfel-Balsam-Essig, Himbeeressig, Aceto Balsamico, Aceto Tradizionale, Ölfrüchte; Postversand

Öffnungszeiten: Mo–Fr 7.30–12.30 und 14–18 Uhr, Sa 7.30–12 Uhr

Zufahrt: Entweder auf der A2 – Abfahrt Sebersdorf, über Kaindorf nach Pöllau oder von Graz auf der B 54 Richtung Hartberg, in Kaindorf links nach Pöllau, die Umfahrung und den Kreisverkehr Richtung Birkfeld, nach 1,3 km bei der nächsten Kreuzung rechts gelegen, gegenüber Lagerhaus und Contra (links Abzweigung Birkfeld – Beschilderung)

Besonderheiten: Die einen machen Erlebnis- oder Erholungsurlaube, er ist auf dem „Ölfährten-Urlaub“ unterwegs. Wenn er auf Reisen geht, ist er auch in Sachen Öl unterwegs. Er bildet sich weiter und hat in seinem modern vernetzten Büro dutzende Öle aus den verschiedensten Ländern stehen. Er prüft, verkostet und weiß, wo er steht und daß er wettbewerbsfähig ist. Die Rede ist von Robert Fandler, mit dem es ein Vergnügen ist, über verschiedenste Öle und deren Einsatzmöglichkeiten zu reden. Natürlich ist er auch Experte beim Kernöl und exportiert in die ganze Welt. Allein in Wien beliefert er 60 Geschäfte mit seinen Produkten und arbeitet eng mit Bioläden zusammen. Die Geschichte der Ölmühle geht auf das Jahr 1926 zurück, als Großvater Martin Schirnhofer eine Mühle mit einem „Ölstampf“ und einer Landwirtschaft erwarb. Die Geräte waren zum Teil noch aus Holz gebaut und es erfolgte die Herstellung von Ölen aus Kürbiskernen, Leinsamen, Rips, Mohn und Walnüssen. In den 50er Jahren modernisierte Vater Josef Fandler den Betrieb mit neuen Verarbeitungsmaschinen. Robert Fandler stieg im Jahre 1971 in den Betrieb ein, führte viele Experimente durch und gewann dadurch wertvolle Erkenntnisse. Mit einfachsten Mitteln gelangen weitere Qualitätsverbesserungen und zur Leistungssteigerung wurden größere Stempelpressen angeschafft. Bei der Übernahme des Betriebes im Jahre 1982 war ihm klar, daß die traditionelle Methode zur Herstellung von besten Speiseölen der sinnvollste Weg in die Zukunft ist. Bei einer sachkundigsten Führung und Verkostung erfahren Sie alles Wissenswerte über das Kernöl und die 12 anderen Öle. Wenn Sie über das „Ölziehen“ oder andere gesundheitliche Aspekte der Öle Bescheid wissen wollen, Herr Fandler hilft Ihnen weiter. Sein Beruf ist zugleich sein Hobby.

Sonstiges: weitere Verkaufsstellen: in über 100 österreichischen Geschäften (Adressen bei R. Fandler erhältlich)

STEFAN FARKAS

Inhaber: Stefan **FARKAS**

Adresse: Oberdorf 18, **8181 ST. RUPRECHT a. d. Raab**

FARMER-RABENSTEINER

Inhaber: Fam. **FARMER-RABENSTEINER**

Vulgoname: Graf

Adresse: Furth 8, **8524 BAD GAMS**

Telefon: 03463/3107, **Fax:** 03463/3107

Mobiltelefon: 0676/4124698

E-mail: schilcherkeller@datawest.co.at

Mitglied: g.g.A., Gutes vom Bauernhof, Bäuerliche Direktvermarkter in Österreich

Produkte: Kernöl, Knabberkerne (natur, geröstet, Zimt, Vanille, Zitrone, Kaffee, Schokolade, Meersalz), Kürbiskernlikör, Kürbis-Apfel, Marmeladen, Kürbiskernölcreme, Kürbiskernöllippenbalsam, Geschenkkörbe und Kartons; von anderen Betrieben: Edelbrände, Weine, Liköre, Säfte, Bäuerliches Handwerk; Postversand

Öffnungszeiten: täglich von 8–18 Uhr und nach tel. Vereinbarung

Zufahrt: Von Graz A2 – Abfahrt Lieboch, nach Stainz, Abzweigung nach Bad Gams, die Schilcherweinstraße Richtung Deutschlandsberg, im nächsten Ort Furth an der Straße gelegen.

Besonderheiten: Direkt an der Schilcherweinstraße werden gleich drei Attraktionen geboten, die Bäuerliche Ölmühle, der Schilcherkeller und das Bäuerliche Handwerk. Im über einhundert Jahre alten Bauernhaus im Erzherzog-Johann-Stil erwartet interessierte Besucher eine reichhaltige Verkaufsausstellung von bäuerlichen Handwerksprodukten. Die Vinothek im Schilcherkeller befindet sich im alten Gewölbekeller des Hauses. 22 Bad Gamser Weinbauern bieten hier vorwiegend Schilcher, Schilchersekt, andere Weinsorten, Edelbrände und Liköre zum Verkosten und Verkauf an. Das Erlebnis Kürbis steht im Vordergrund. Ganzjährig finden hier zahlreiche Veranstaltungen zum Thema Kürbis und Kernöl statt, vom Kernölwochenende bis zum Hoffest mit Schilcher, Kernöl und Kürbis – zum Kochen und Backen und vieles mehr. Übrigens wußten Sie, daß in „Willkommen Österreich“ der Bad Gamser Kernölgugelhupf als beliebteste Kürbismehlspeise der Bad Gamser präsentiert wurde. Für die Schönheit soll die Kürbiscreme ganz besonders wichtig sein. In der angrenzenden Ölmühle werden die Kürbiskerne aus dem eigenen landwirtschaftlichen Betrieb verarbeitet. Das junge Ehepaar Farmer-Rabensteiner ist energiegeladen und dynamisch. Nach-

dem die Ölmühle, bei der sie immer pressen ließen, die Produktion einstellte, kauften sie diese. Sie errichteten am eigenen Hof die Ölpresse und beschäftigen einen der erfahrendsten Ölausschläger der Region, der das Pressen mit dem nötigen Fingerspitzengefühl betreibt. Freitag ist der Schaupreßtag. Für Gruppen sind, nach telefonischer Vereinbarung, auch andere Tage möglich, wo sie mit Kürbis- und Kernölköstlichkeiten, wie einem Kürbiskernbrot, verwöhnt werden. Brandneu: Sie zählen zu den zehn besten Betrieben, die mit dem Agrarprojektpreis ausgezeichnet wurden. Als Symbol für bäuerlichen Unternehmergeist.

Sonstiges: Schaupressen: Fr oder nach tel. Vereinbarung
Andere Verkaufsstellen: Wien (Schwester)

ALOIS FELDBACHER

Inhaber: Alois **FELDBACHER**
Adresse: St. Veit 19, **8423 ST. VEIT A. V.**
Telefon: 03453/2601
Mitglied: g.g.A.

FRICON ÖLMÜHLE

Adresse: Puntigamerstraße 24, **8042 GRAZ-LIEBENAU**

FRITZ-MÜHLE

Inhaber: Wolfgang **FRITZ**
Adresse: Am Mühlengrund 1, **7571 RUDERSDORF**
Telefon: 03382/71649, **Fax:** 03382/71649-4
Mitglied: g.g.A.
Produkte: Kernöl, Knabberkerne, Spezialmehl; Postversand
Besonderheiten: Idyllisch am Lafnitzufer gelegen, wird in der Fritzmühle seit mehr als 90 Jahren mit traditionsreichen Steinmühlen Steirisches Kürbiskernöl gewonnen. Führungen durch die Getreidemühle und Ölpresse mit Kernölverkostungen sind üblich.

THERESIA GANGL

Inhaber: Theresia **GANGL**
Adresse: Kowald 278, **8570 VOITSBERG**
Mitglied: g.g.A.

GOTTFRIED GOLLNER

Inhaber: Gottfried **GOLLNER**
Adresse: Alla 11, **8413 ST. GEORGEN a. d. Stiefing**

ADOLF HAAS

Inhaber: Adolf **HAAS**
Adresse: Hauptplatz 14A, **8160 WEIZ**

JOHANN HAAS

Inhaber: Johann **HAAS**
Adresse: Bierbaum 61, **8093 ST. PETER A. O.**

MÜHLE – ÖLPRESSE ALOIS HAINDL

Inhaber: Alois **HAINDL**
Adresse: Dorfstraße 88, **8401 KALSDORF**
Telefon: 03135/52201, **Fax:** 03135/52201-15
Mitglied: g.g.A.
Produkte: Kernöl, Vollwertprodukte, verschiedene Arten von Müsli, Dinkel, Dinkelvollkornmehl

HAMLITSCH ÖLMÜHLE

Inhaber: Guntram **HAMLITSCH**
Adresse: Obere Schmidgasse 18, **8530 DEUTSCH-LANDSBERG**
Telefon: 03462/2386
Mitglied: g.g.A.

PAUL HAMMER

Inhaber: Paul **HAMMER**
Adresse: Kirchbach 121, **8082 KIRCHBACH**

ÖLMÜHLE HARTLIEB

Inhaber: Gerhard **HARTLIEB**
Adresse: Heimschuh 107, **8451 HEIMSCHUH**
Telefon: 03452/82551, **Fax:** 03452/84756
Mobiltelefon: 0676/5601054
E-mail: hartlieb.kernoel@styria.com
Mitglied: g.g.A.
Produkte: Kernöl (auch Geschenkflaschen), Knabberkerne, Landesproduktenhandel, Honig, Essig, Likör, Schnäpse, Mehle; Postversand

Öffnungszeiten: Mo–Fr 7–18 Uhr Ölmühle/Besichtigung
Zufahrt: A9 – Abfahrt Leibnitz, Richtung Arnfels, in Heimschuh schräg gegenüber vom Gemeindeamt links zur Mühle (Beschilderung)
Besonderheiten: An Gerhard Hartlieb führt kein Weg vorbei. Er ist allen aus der Kernölszene ein Begriff, ein Experte in diesem Metier, ob bei der Kernöltagung in Rassach oder bei den Führungen in seiner Ölmühle und dem Museum oder als ehemaliger Bürgermeister von Heimschuh. In seinem Prospekt erkennt man den besonderen Bezug zu diesem Produkt. „Mein Kernöl" steht zu lesen – eine Marketing Philosophie, die er selbst verkörpert. Das „Mein" soll nach dem Kauf des Kernöls das „Mein" des Kunden sein. Die an der Sulm gelegene Ölmühle samt Landesproduktenhandel, Sägewerk und dem angeschlossenen Museum wurde erstmals im Jahre 1144 urkundlich erwähnt. Seit dem Jahre 1907 befindet sie sich im Familienbesitz und wird in der vierten Generation betrieben. Bei seinen Führungen, ob für Schulen, Busse oder Touristen, erfährt man den Ablauf vom Kürbiskern bis zum Öl in die Flasche, und daß nicht jeder Kern gleich ist. Natürlich kann beim Pressen zugesehen werden. Im Nebenhaus wird die Ölmühle im Wandel der Zeit in einer eindrucksvollen Ausstellung gezeigt. Im Jahre 1990 entstand dieses Museum, ehemals als Rah-

menprogramm zur Landesausstellung in Gamlitz gedacht, ist es nun die einzige ständige Ausstellung rund ums Kernöl in dieser Gegend. Es werden sowohl die Grundstoffe zur Ölerzeugung als auch verschiedene alte Geräte wie Kernmühlen, Röstpfannen, die erste Knetmaschine oder alte Tonkrüge, die zur Aufbewahrung des Kernöls, dienten, gezeigt. Oft bewundert wird die „Ölkuh", ein Vorläufer der Ölpresse. Er ist ein Meister seines Faches und ein Mann, der hinter seiner Überzeugung steht.

Sonstiges: Museum: Mo–Fr 7–18 Uhr, Sa 8–12 Uhr, So auf Anfrage (Führungen nur nach Terminvereinbarung)

HERBERSDORFMÜHLE

Inhaber: Gernot **BECWAR** und Herbert **HIRT**
Adresse: Herbersdorf 9, **8510 STAINZ**
Telefon: 03463/2828 oder 2301

Mitglied: g.g.A.
Produkte: Kernöl, Knabberkerne
Öffnungszeiten: Mo–Do je nach Bedarf

Zufahrt: Von Graz nach Stainz, Richtung Preding, über die Bahn und kurz danach links (Beschilderung)

Besonderheiten: Unter dem Haus der heutigen Mühle soll sich der Keller des Schlosses Herbersdorf befinden. Früher waren die über 80 Jahre alten Geräte in der Goggmühle und wurden vor Jahren hierher transportiert. Neben den eigenen Kernen werden in erster Linie die Kerne von Fremdfirmen (kontrollierten Betrieben) gepreßt. Das Kerngut wird nochmals gereinigt, getrocknet, gekühlt und mit der Steinmühle, einem fixen und einem beweglichen Stein gemahlen. „Dadurch kommt das Aroma des Öles besser heraus, weil die Kerne fein verrieben werden", meint Herr Hirt und zeigt mir seinen wichtigsten Mann: „Den gewichtigsten und besten Ausschläger dieser Presse", den Herrn Luis, ein Original im blauen Schurz. Die Röstmasse zwischen die Finger genommen, so fühlt er die Beschaffenheit und dann kommt das gefühlvolle Heizen, auch der Preßvorgang wird mit Bedacht durchgeführt. Beim Tisch in der Ecke sitzen Leute, spielen Karten, plaudern und warten auf ihr Öl. Früher, so erzählt man, wurde nur im Winter gepreßt und das Öl manchmal durch Zugabe von Würfelzucker vor dem Ranzigwerden bewahrt. Übrigens: für das Schaupressen ist die alte Ölkuh zum Ausschlagen noch in Aktion.

Sonstiges: Schaupressen und Führungen nach Anmeldung

FLORIAN HERNACH

Inhaber: Florian **HERNACH**
Adresse: Machtring 57, **8422 ST. NIKOLAI OB DRASSLING**

KORTSCHAK-MÜHLE

Inhaber: Robert **HIERZER**
Adresse: Enzelsdorf 15, **8072 FERNITZ B. GRAZ**
Telefon: 03135/82364
Mobiltelefon: 0663/038253

GÜNTHER HÖDL

Inhaber: Günther **HÖDL**
Adresse: Unterpurkla 1, **8484 UNTERPURKLA**

ERIC HOFER

Inhaber: Eric **HOFER**
Adresse: An der Schießstätte 6, **8510 STAINZ**

ÖLPRESSE HÖFLER KARL

Inhaber: Karl **HÖFLER**
Adresse: Kopfing 67, **8224 KAINDORF**
Telefon: 03333/2569, **Fax:** 03333/2569
Mitglied: g.g.A.
Produkte: Kernöl, Knabberkerne (natur, gesalzen, Zimt, Vanille, Kaffee), Apfelsaft, Frischeier, Ölkuchen (für Fische); Postversand
Öffnungszeiten: täglich
Zufahrt: Von Graz die B 54 Richtung Hartberg, in Kaindorf beim Kreisverkehr rechts, Richtung Ebersdorf, Bad Waltersdorf, ca. 2 km, dann rechts Richtung Auffen, ca. 3 km links neben der Straße (Beschilderung)

Besonderheiten: Das junge Ehepaar hat nahe der Thermen seit April 1999 eine blitzsaubere Mühle für Kernöl aufgezogen. Sie betreiben eine Lohnpresserei und verpressen auch die Kerne aus der eigenen Landwirtschaft. Der Mann trägt die Verantwortung beim Pressen und die Frau des Hauses macht die Führungen und Verkostungen. An Hand einer alten Ölpresse, einer „Ölstampf", wird den Gästen die frühere Form des Ölpressens erklärt. Busse und Thermengäste, alle sind willkommen, die Kernölgewinnung hautnah zu verfolgen und das frisch gepreßte Öl zu verkosten. Neu ist auch das Schaupressen für Schulen, um Kindern den Arbeitsvorgang näher zu bringen. Bitte um Anmeldung.

WALTER HOFSTÄTTER

Inhaber: Walter **HOFSTÄTTER**
Adresse: Lichendorf 43, **8473 WEITERSFELD a. d. Mur**
Telefon: 03472/2280, **Fax:** 03472/3473
Produkte: Kernöl, Knabberkerne, Holzofenbrot, Mehl ab Mühle (alle anderen Produkte gehören dem Landesproduktenhandel an, d.h. Verkauf an Landwirte)

JOSEF HÖTZL JUN.

Inhaber: Josef **HÖTZL**
Adresse: Eichfelder Straße 3, **8480 MURECK**

JOSEF HÖTZL

Inhaber: Josef **HÖTZL**
Adresse: Flavia-Solva-Straße 2, **8430 LEIBNITZ**

HUBER-MÜHLE

Inhaber: Josef **HUBER**
Adresse: Edla 26, **8093 ST. PETER A. O.**
Telefon: 03477/2247, **Fax:** 03477/3358
Mitglied: g.g.A.
Produkte: Kernöl, Ripsöl, Naturmehle

ALOIS HUSS

Inhaber: Alois **HUSS**
Adresse: Seibersdorf 21, **8423 ST. VEIT A. VOGAU**

KIENDLER GMBH

Inhaber: Paul **KIENDLER**
Adresse: Ragnitz 5, **8413 ST. GEORGEN/STF.**
Telefon: 03183/201
Mitglied: g.g.A.

ÖLMÜHLE KLEINSCHUSTER

Inhaber: Karl **KLEINSCHUSTER**
Adresse: Übersbach 203, **8362 SÖCHAU**
Telefon: 03387/3257, **Fax:** 03387/2045
Mitglied: g.g.A.
Produkte: Kernöl

HERBERT KLEMENCIC

Inhaber: Herbert **KLEMENCIC**
Adresse: Mettersdorf 39, **8092 METTERSDORF AM SASSBACH**

HERBERT KOSSDORF

Inhaber: Herbert **KOSSDORF**
Adresse: Tillmitsch, Badgasse 11, **8430 LEIBNITZ**

ÖLMÜHLE KREMSNER

Inhaber: Gerhard **KREMSNER**
Adresse: Mantrach 23, **8452 GROSSKLEIN**
Telefon: 03456/5092, **Fax:** 03456/5093
E-mail: oelmuehle.kremsner@aon.at
Mitglied: g.g.A.
Produkte: Kernöl, Knabberkerne, Schnäpse, Essig, Weine, Honig
Besonderheiten: Schaupressen und Verkostung in der eigenen Ölmühle

DIETMAR KÜGERL

Inhaber: Dietmar **KÜGERL**
Adresse: Preding 68, **8504 PREDING**

FRANZ KÜGERL

Inhaber: Franz **KÜGERL**
Adresse: Grötsch 1, **8504 PREDING**

LANDESGENOSSENSCHAFT

Adresse: Groß St. Florian 28, **8522 GROSS ST. FLORIAN**

LEITINGER MÜHLE GMBH

Adresse: Ligist 18, **8563 LIGIST**
Telefon: 03143/6070-0, **Fax:** 03143/6070-15
Mitglied: g.g.A.

ÖLMÜHLE LEOPOLD MIT VERKAUFSLADEN LEOPOLD'S ÖLKUCHL

Adresse: Frauentalerstraße 120, **8530 DEUTSCHLANDSBERG**
Telefon: 03462/2294, **Fax:** 03462/2294-15
Mitglied: g.g.A.
Produkte: Kernöl, Walnußöl, Haselnußöl, Mandelöl, Knabberkerne (10 verschiedene Sorten), Mehle
Produkte anderer Bauern: Weine, Essige, Edelbrände, Schilcherlikör, Getreide von Biobetrieben, Nudeln, Marmeladen, Müsli, Fruchtsäfte, Schilchertrüffel, Kürbiskerntrüffel, Handgeschöpfte Schokoladen (u.a. Kürbiskernschokolade, Schilchertrester u.v.a.), Keramik, Geschenkkörbe, Kürbiskernaufstrich (im Herbst); Versand möglich
Öffnungszeiten: Mo–Fr 9–12, 14-18, Sa 9–12 Uhr
Zufahrt: Von Graz A2 – Abfahrt Lieboch nach Deutschlandsberg, dort beim Kreisverkehr, kurz Richtung Deutschlandsberg/Mitte, dann links zum großen Parkplatz der Leopoldmühle
Besonderheiten: Schon von weitem sieht man den mächtigen Turm der Leopoldmühle und die „Ölkuchl" lädt

bei Deutschlandsberg/Mitte zu einem Einkehrschwung ein. Seit 1932 ist die Mühle im Besitz der Familie. Die Ölmühle ist schon über 150 Jahre alt und wurde früher mit Wasserrädern und dann mit einer Turbine betrieben. Im Jahre 1983 wurde ein neues E-Werk gebaut. Nach Landwirtschaft, Mischfutterwerk, Getreide- und Ölmühle konzentriert man sich jetzt auf die Ölmühle mit dem Verkaufsgeschäft. Ihren Pioniergeist zeigt das liebenswürdige Ehepaar in Dingen Vermarktung, da sie die ersten waren, die in dieser Region ein Selbstbedienungsgeschäft mit bäuerlichen Produkten aus der Region begann, verbunden mit Verkostungen, Führungen und Ölmühlenbesichtigungen. Der neueste Hit ist Leopold's Ölkuchl mit Bauernspezialitäten aus dem Schilcherland, dessen Sortiment den Kundenwünschen angepaßt ist. Angeschlossen sind Geschäfte mit Landhausmode, Trockenblumen und Gewürzbinderei von Eva Lierzer. In Leopold's Ölkuchl finden sie das etwas andere Geschenk, auch für Gesundheitsbewußte. Die Einrichtung ist originell, aus dem alten Holz der Getreidemühle gefertigt, mit Bauernschränken und bäuerlichem Gerät dekoriert – ein alter Preßbaum verläuft quer durchs Geschäft. Allerlei Wissenswertes über die Region erfährt man auf der besonderen Holz-Prospektleiter. Im hinteren Teil der Ölkuchl lädt eine bestens bestückte Vinothek ein. Im Lagerraum dahinter hängen unzählige handgefertigte Körbe von der Decke, die als „gefüllte Geschenkkörbe" verkauft werden. Ein besonderes Aquarelletikett ziert das Leopold Kernöl und sie hoffen auf einen Preis beim heurigen Etikettenwettbewerb. Das Original hängt im Geschäft, nebst anderen Gemälden des Künstlers. Versäumen Sie nicht im Herbst bei einer Führung und Verkostung die Kürbis- und Kernölgeheimnisse der charmanten Frau Eva: wie Kernölaufstrich, Kernölverhackert oder ihren Kernölgugelhupf. Ein jährlicher Fixpunkt ist in der zweiten Oktoberhälfte das Ölmühlenfest – ein Hoffest mit vielen Attraktionen und dem „lächelnden Kürbi" als Logo der Leopolds.

Sonstiges: Führungen und Besichtigungen nach Voranmeldung. Im Oktober durchgehend, teilweise auch Sonntag geöffnet!

WOLFGANG LORENZ

Inhaber: Wolfgang **LORENZ**
Adresse: 8543 ST. MARTIN I. S.
Telefon: 03465/2304
Mitglied: g.g.A.

LUGITSCH RUDOLF KG

Inhaber: Rudolf **LUGITSCH**
Adresse: Gniebing 122, **8330 FELDBACH**
Telefon: 03152/2242-0, **Fax:** 03152/2242-4
Mitglied: g.g.A.
Produkte: Kernöl, Leinöl, Ripsöl, Knabberkerne, Leinsamen

MANDL EXKLUSIV

Inhaber: Richard **MANDL**
Adresse: Krottendorf 7, **8564 KROTTENDORF-GAISFELD**
Telefon: 03143/6028, **Fax:** 03143/6028-4
Mitglied: g.g.A.
Produkte: Kernöl, Knabberkerne in 9 Geschmacksrichtungen, Edelbrände, Liköre und exklusive Geschenkideen

PELZMANN GMBH

Adresse: Pelzmannstraße 3, **8435 WAGNA**
Telefon: 03452/82368-0
Mitglied: g.g.A.

PELZMANN-SCHALLHAMMER

Adresse: Grazer Gasse 20, **8430 LEIBNITZ**
Telefon: 03452/82722-0

GOTTFRIED PICHLER

Inhaber: Gottfried **PICHLER**
Adresse: Flöcking 2, **8200 LUDERSDORF-WILFERSDORF**
Telefon: 03112/2632-0
Produkte: Kernöl, Salatöl
Öffnungszeiten: Mo–Do 7–12, 13–18, Fr bis 17 Uhr, Sa 8–12 Uhr

FRANZ PUNTIGAM

Inhaber: Franz **PUNTIGAM**
Adresse: Salsach 128, **8483 DEUTSCH-GORITZ**
Telefon: 03474/243
Mitglied: g.g.A.

MANFRED RESCH

Inhaber: Manfred **RESCH**
Adresse: Schloßberg 89, **8463 LEUTSCHACH**
Telefon: 03454/258

JOSEF RITZ

Inhaber: Josef **RITZ**
Adresse: Maierdorf 34, **8342 GNAS**
Telefon: 03151/8770

KARL RUPP

Inhaber: Karl **RUPP**
Adresse: Halbenrain 23, **8492 HALBENRAIN**
Telefon: 03476/2212

SCHALK MÜHLE – ÖLPRESSE

Inhaber: Franz **SCHALK**
Adresse: Kalsdorf 18, **8262 ILZ**
Telefon: 03385/312, **Fax:** 03385/312-4
Mitglied: g.g.A.
Produkte: Kernöl, Knabberkerne, Vollkornmehle

SCHELLNEGGER PAUL

Inhaber: Paul **SCHELLNEGGER**
Adresse: Badgasse 1, **8190 BIRKFELD**
Telefon: 03174/4522
Mitglied: g.g.A.

FRANZ SCHMID

Inhaber: Franz **SCHMID**
Adresse: Drauchen 6, **8492 HALBENRAIN**
Telefon: 03475/2238

JOSEF SCHMID

Inhaber: Josef **SCHMID**
Adresse: Wuggau 27, **8453 ST. JOHANN im Saggautal**
Telefon: 03455/363

IRMGARD SCHOBER (PECHMANNS ALTE ÖLMÜHLE)

Inhaber: Irmgard **SCHOBER**
Adresse: Oberpurkla 13, **8484 UNTERPURKLA**
Telefon: 03475/2304

ÖLMÜHLE SIXT

Inhaber: Hubert **SIXT**
Adresse: Oberrakitsch 115, **8480 MURECK**
Telefon: 03472/8678, **Fax:** 03472/8678
Mitglied: g.g.A.
Produkte: Kernöl, verschiedene Knabberkerne
Produkte anderer Bauern: Apfelessig, Apfelbalsamessig, Spezialessig, Edelbrände (Gölles), Weine (List, Platzer), Geschenkkisten, frisch gemahlenes Getreide; Sixtis Öl-laden; Postversand
Öffnungszeiten: Mo–Fr 9–12, 14–18, Sa 9–14 Uhr
Zufahrt: Von Graz A9 – Abfahrt Vogau/Straß, Richtung Radkersburg auf der L 208, nach dem Schloß Brunnsee und vor Gosdorf zeigt in Oberrakitsch links die Tafel zur Ölmühle.
Besonderheiten: Von ihrem Kernöl überzeugt, meint Frau Sixt: „Zum besten Kernöl gehören beste Essige und Weine von den besten Produzenten", die sie daher neben anderen Produkten in Sixtis Ölladen verkaufen. Seit Generationen wird in dieser Ölmühle mit Tradition – sie

besteht seit 200 Jahren – Kürbiskernöl hergestellt. Der Vater und sogar die Mutter haben die schwere Arbeit des Ölpressens durchgeführt. Heute ist Ölpresser Wolfgang am Werk, denn Hubert Sixt und seine Frau sind auch noch mit einer Obstpresserei und dem Sägewerk beschäftigt. Doch dem Kernöl gilt ihr Hauptaugenmerk und sie widmen sich dem Verkauf auf Messen, im hofeigenen Ölladen, Besichtigungen und Führungen. Mit seiner witzigen Art zu kommentieren, hat der Chef schon viele erfreut. Auch auf Messen versteht er es, unterstützt von seiner charmanten Frau, den Leuten das Kernöl näherzubringen. Sie gehen mit der Zeit, ob im Büro am Computer oder bei Ausstellungen, wo sie direkt auf den Kunden zugehen. Gerne kommen auch die Kur- und Badegäste der nahegelegenen Thermen zu ihrem geschmackvollst eingerichteten Verkaufsraum, wo man an Hand von nostalgischen Schwarz-Weiß-Bildern den früheren Ablauf in der Mühle sieht. In den letzten Jahren wurde modernisiert, damit alles von einem Mann leicht bedient werden kann, aber es wird noch mit der Steinmühle gemahlen. Früher wurde die Mühle mit Wasserkraft betrieben und nun gibt es Bestrebungen mittels eines Holzwasserrades dies wieder zu aktivieren. Sollten Sie zum jährlichen Hoffest am ersten Septemberwochenende mit dem Fahrrad fahren wollen, am Großen Teichweg Nr. 40 kommen Sie direkt zur Ölmühle Sixt. Schau-Kernölpressen, Verkostung von Essig, Edelbränden und öligen Köstlichkeiten sind angesagt. Eine Keramik und Bastelausstellung, samt Gewinnspiel und vieles mehr stehen am Programm.

HELGA STEINBAUER

Inhaber: Helga **STEINBAUER**
Adresse: Grafendorf 23, **8510 STAINZ**
Telefon: 03463/2130

STEIRERKRAFT ÖLMÜHLE GMBH

Adresse: Wollsdorf 75, **8181 ST. RUPRECHT A. D. R.**
Telefon: 03178/2525, **Fax:** 03178/2525-15
Mitglied: g.g.A.
Produkte: Kernöl, Fruchtessige (Honig-, Brombeer-, Schilcher-, Apfel- und Balsamessig), Kürbisknabberkerne (natur, gesalzen, dragiert), Kürbis-Energieriegel
Produkte auch in Bio-Qualität
Besonderheiten: Ölmühle und Lohnverarbeitung

STÖSSL – JAHRBACHMÜHLE

Inhaber: Anton **STÖSSL**
Adresse: Jahrbach 1, **8091 JAGERBERG**
Telefon: 03184/8217
Besonderheiten: Ölpresse – Lohnschnittsäge – Landwirtschaft

FRANZ TAUCHER

Inhaber: Franz **TAUCHER**
Adresse: Josef-Ressel-Weg 33, **8430 LEIBNITZ**
Telefon: 03452/84916

GÜNTER THUS

Inhaber: Günter **THUS**
Adresse: Aibl 73, **8552 EIBISWALD**
Telefon: 03466/42462
Mobiltelefon: 0664/4154655
Produkte: Kernöl, Knabberkerne
Öffnungszeiten: täglich
Zufahrt: A2 – Abfahrt Lieboch über Stainz, Deutschlandsberg, nach Eibiswald, kurz auf der B 69 Richtung Lavamünd, Soboth, links Richtung St. Lorenzen, ca. 200 m, dann rechts Aibl/Ölpresse, nach ca. 100 m links zum Hof (Beschilderung)
Besonderheiten: Mutter Maria betrieb die Presse 25 Jahre lang, nun sind die Jungen am Werk und bauen sich einen neuen Markt auf. Die Mühle stand früher beim „Jagermüller" in Pölfing-Brunn. Nach der dortigen Schließung kam die Mühle samt ihrem Bruder, der dort arbeitete, zu ihr. Wenn die Leute mit dem Preßbuch kommen, ist meist Mittwoch, Donnerstag oder Freitag und jedesmal ist ein anderer „Ausschläger" dran. Diesmal am Donnerstag ist Herr Hartmann gekonnt am Werk und der Bruder

von Frau Maria hat sogar schon ein Schilchertraubenkernöl gepreßt. Geheizt wird mit Kohle, der gleichmäßigen Wärme wegen. Gleich neben der Stempelpresse für das Kernöl steht eine alte Kernwinde und Mühle aus Holz, die wird für das Rapsöl verwendet. Die Kunst des Ölpressens beherrscht auch Frau Maria, denn wenn einer der drei Männer ausfällt, hat auch sie das nötige Fingerspitzengefühl. Sie kennt noch die Geschichten von ihrem Elternhaus, wo im Brotbackofen die Kerne mit der Pfanne getrocknet wurden. Früher gab es hier nur Lohnpressen, doch Herr Günter und seine tüchtige Frau ziehen einen eigenen Ölhandel auf. Auf dem Auto, schon für die Zustelltour gerichtet, steht schon „Speiseöle, Handel und Lohnpresserei" zu lesen. Viele Einheimische, Urlauber und Leute vom nahen Kärnten gehören zum Kundenstock, die auf Anmeldung auch gerne zum „Zuschauen" willkommen sind.

URL & CO GMBH

Adresse: Josef-Krainer-Straße 16, **8074 RAABA**
Telefon: 0316/4007-260, **Fax:** 0316/4007-160
Mitglied: g.g.A.

SIEGFRIED WALLNER

Inhaber: Siegfried **WALLNER**
Adresse: Krottendorf 2, **8564 KROTTENDORF-GAISFELD**
Telefon: 03143/2300, **Fax:** 03143/2300
Mitglied: g.g.A.
Produkte: Kernöl, Mehl, Schwarzbrot

WEINHANDL-MÜHLE, Ölpresse u. Mühlenladen

Inhaber: Fam. **WEINHANDL**
Adresse: Dirnbach 12, 8**345 STRADEN**
Telefon: 03473/8286, **Fax:** 03473/828616
E-mail: weinhandl-muehle@aon.at
Mitglied: g.g.A., Ama-Gütesiegel
Produkte: Kernöl, Knabberkerne (natur, gesalzen, Schoko), verschiedene Getreidesorten, Mehle (Heiden, Roggen, Weizen, Dinkel); von anderen Bauern: Honig, Gewürze, Backzutaten, Suppeneinlagen, Trockenfrüchte, Gebäck, Müslis, Nudeln, Risotto, Tees und Produkte nach Hildegard von Bingen
Öffnungszeiten: Mo–Fr 7–12 und 13–18, Sa 7–12 Uhr
Zufahrt: A2 – zweite Abfahrt Gleisdorf, Richtung Feldbach, Bad Gleichenberg auf der B 66 nach dem zweiten Kreisverkehr 6 km südlich weiter, dann rechts nach Dirnbach, durch das Dorf, vor dem Ortsendeschild führt die Straße durch den Mühlenhof.
Besonderheiten: Fast wie ein kleines Dorf am Ende von Dirnbach mutet die Weinhandl Mühle an. Um das Jahr 1700 wurde von der Schloßherrschaft Kornberg eine kleine Mühle gebaut, die sich seit 1848 im Besitz der Familie Weinhandl befindet. Man begann erst um diese Zeit mit der Verpressung von Kürbiskernen, da zuvor ausschließlich Hanf und Leinsamen als Ölsaat bekannt waren. „Mit der Einführung der hydraulischen Presse 1923, wurde die bis dahin mühsame Arbeit des händischen Knetens und Pressens von der Einrichtung abgelöst. Dadurch wurde das Kürbiskernöl allmählich das meist verwendete Öl für Salat" – erzählt Herr Weinhandl-Senior. Nach händischer oder meist heute maschineller Ernte und nach dem Waschen und Trocknen werden die Kerne in die Weinhandl-Mühle gebracht und der sensiblen Hand des Ölpressers überlassen. Die Verpressung schalenlos gewachsener steirischer Kürbiskerne, die gefühlvolle Röstung und der schonende Preßvorgang in der Seihenpresse sind notwendig, um dem Öl seinen kräftigen Geschmack zu verleihen. Wert wird hier auf die schonende Erstpressung gelegt. Die Gegenstände, die früher aus Holz waren, wurden durch hygienischen Edelstahl ersetzt. Die Jugend führt das Unternehmen mit modernsten Methoden weiter, vergißt aber dabei auch die alte Tradition nicht. Nachdem auch die Eltern noch tatkräftig mitwirken ist das Unternehmen ein Familienbetrieb geblieben. Viele Kunden kommen aus dem Thermengebiet. Im Versand erreichen sie auch Kunden aus Übersee. In Gemeinschaft mit einer Partnermühle sind auch Naturkostprodukte ohne Chemie – und Hildegardprodukte – hier erhältlich. Die Schwester von Frau Weinhandl hat sich als Kosmetikerin in der Kurtherme Bad Gleichenberg dem Kernöl und den Kernen verschrieben – vom Kernölbad, zum Kürbiskernpeeling, von der Kürbiskernpackung bis zur Kernölmassage.

JOSEF WISIAK

Inhaber: Josef **WISIAK**
Adresse: Oberschwarzau 31, **8471 SPIELFELD**
Telefon: 03453/2591-0

BAUERNMÄRKTE

BEZIRK BRUCK/MUR

Kapfenberg, Kolomann-Wallisch-Platz 1, Altstadtmarkt Kapfenberg, Sa 8.00–13.00 Uhr
Bruck/Mur, Kirchplatz, Mi/Sa 7.00–12.00 Uhr

BEZIRK DEUTSCHLANDSBERG

Deutschlandsberg, Soloplatz, Di/Fr 7.00–12.00, 14.00–20.00 Uhr
Stainz, Grazer Straße 1, Sa 7.30–12.00 Uhr
Eibiswald, Hubmann Platz, Sa 8.00–12.00 Uhr
Bad Gams, Gemeindeparkplatz, Do 8.00–12.00 Uhr
Groß St. Florian, Feuerwehrmuseum, Sa 8.00–11.00 Uhr

BEZIRK FELDBACH

Feldbach, vor der Kirche, Di/Sa 7.00–10.00 Uhr
Fehring, neben Raika, Mo, Di, Fr, Sa 8.00–12.00 Uhr
Gnas, vor dem Postamt, Sa 7.30–9.30 Uhr
Kirchberg, Richtung Oberdorf, Sa 8.00–11.00 Uhr
Bad Gleichenberg, Bundesstraße, Fr 15.00–17.00 Uhr
Studenzen, Lagerhaus neben Bahnhof, Sa 7.30–12.00 Uhr
Kirchbach, Lagerhaus, Sa 8.00–11.00 Uhr
Kirchbach, Spar Markt, Sa 8.00–11.00 Uhr

BEZIRK FÜRSTENFELD

Fürstenfeld, Hauptplatz, Fr/Sa 8.00–12.00 Uhr
Loipersdorf, gegenüber Thermeneingang, tägl. 15.00–18.00 Uhr

BEZIRK HARTBERG

Hartberg, vor Klosterkirche, Di/Fr 13.45–18.00 Uhr
Pöllau, Zentrum, im Schloß Pöllau, Sa 7.00–12.00 Uhr
Pingau, Hauptplatz, Sa 8.00–11.00 Uhr
Vorau, vor Kaufhaus Blumauer, 14-tägig Fr 14.00–17.00 Uhr
Bad Waltersdorf, Heiltherme, Di/Do/Fr 14.00–17.00 Uhr
Stubenberg, im Pfarrstadl, Fr 14.00–17.00 Uhr

GRAZ

Kaiser-Josef-Platz, tägl. 6.00–13.00 Uhr
Lendplatz, tägl. 6.00–13.00 Uhr
Eggenberg Hofbauerplatz, Mi/Sa 6.00–13.00 Uhr
Andritz, Sa 6.00–13.00 Uhr
Ragnitz, Di/Fr 6.00–13.00 Uhr
Triestersiedlung, Mi/Sa 6.00–13.00 Uhr
Liebenau, Casalgasse, Fr ab 15.00 Uhr
Ostbahnhof, Sa 8.00–13.00 Uhr
Wetzelsdorf, Lindenwirt, Sa 6.00–13.00 Uhr
Gösting, Wiener Straße, Sa 6.00–13.00 Uhr
Hasnerplatz, Mi/Sa 6.00–13.00 Uhr
Straßgang, Sa 6.00–13.00 Uhr
Citypark, Sa 6.00–13.00 Uhr
St. Peter, Sa 6.00–13.00 Uhr
IKEA Markt, Di/Fr 10.00–19.00 Uhr, Sa vormittags
Eggenberg, Biobauernmarkt, Fr 13.30–17.00 Uhr

BEZIRK GRAZ-UMGEBUNG

Gössendorf, Dörfla, GH Winter, Fr 14.30–17.30 Uhr
Stattegg, vor Gemeindegaragen, Sa 7.00–11.00 Uhr
Gratwein, Hauptplatz, Sa 7.00–11.00 Uhr
Hart b. Graz, vor Volksschule, Fr 15.00–17.30 Uhr
Hitzendorf, Fr 15.00–18.00 Uhr
Feldkirchen, am Marktplatz, Fr 14.00–18.00 Uhr
Lieboch, Packerstraße 125, Winter: 14.00–17.00 Uhr, Sommer: 15.00–18.00 Uhr
Frohnleiten, gegenüber Feuerwehr, Sa 8.00–12.00 Uhr
Semriach, Zentrum, 14-tägig, 8.30–10.30 Uhr
Übelbach, beim Pfarrhof, Sa 8.00–10.00 Uhr
Gratkorn, Andreas Leykam Platz, Sa 7.00–12.00 Uhr
Deutschfeistritz, b. Gemeindeamt, Sa 7.00–12.00 Uhr
Laßnitzhöhe, b. Kindergarten, Sa 8.00–11.30 Uhr
Vasoldsberg, neben Gemeinde, Fr 15.30–18.30 Uhr

Hausmannstätten, Josef-Krainer-Straße 25, Fr 15.00–18.00 Uhr
Eggersdorf, vor ADEG, Fr 15.00–17.30 Uhr
Raaba, b. Fa. Url & Co, Fr 14.00–18.00 Uhr
Fernitz, Erzherzog Johann Platz, Fr 14.00–18.00 Uhr
Seiersberg, b. Bäckerei Lohr, Sa 7.00–18.00 Uhr
Nestelbach, am Dorfplatz, Sa 8.30–12.00 Uhr
Prosdorf, vor Lagerhaus, Sa 8.00–11.00 Uhr
Judendorf, Festplatz, Fr 15.00–18.00 Uhr
St. Marein, Markt 24, Sa 8.00–11.00 Uhr
Kumberg, neben ADEG, Sa 7.30–12.00 Uhr

BEZIRK JUDENBURG

Judenburg, Hauptplatz, Sa 8.30–11.30 Uhr
Weißkirchen, Hauptplatz, Sa 8.00–12.00 Uhr
Fohnsdorf, Hauptplatz, Fr 14.00–18.00

BEZIRK KNITTELFELD

Knittelfeld, Hauptplatz, Sa 7.30–12.00 Uhr

BEZIRK LEIBNITZ

Leibnitz, Bahnhofstraße, Mi/Sa 7.00–11.00 Uhr
Ehrenhausen, Hauptplatz, Fr 14.00–17.00 Uhr
Arnfels, neben Kirche, Sa 7.30–11.00 Uhr
Wildon, Zentrum, Sa 8.00–11.00 Uhr

BEZIRK LEOBEN

Leoben, Kirchplatz, Di/Fr 7.00–13.00 Uhr
Trofaiach, Neuer Hauptplatz, erster Sa im Monat, 7.00–12.00 Uhr

BEZIRK MURAU

Murau, Schillerplatz (Hauptplatz), Fr 9.30–12.30 Uhr
Schöder, Pferdemarkt, 26.8., 7.00–18.00 Uhr

BEZIRK RADKERSBURG

Mureck, vor Rathaus, Sa 7.00–12.00 Uhr
Bad Radkersburg, Hauptplatz, Do 13.30–16.00 Uhr
Bad Radkersburg, Parktherme, Mo, Di, Fr, Sa 14.30–17.00 Uhr

BEZIRK VOITSBERG

Köflach, Fußgängerzone, Judenburgerstraße, Fr 7.00–18.00 Uhr
Voitsberg, Michaeliplatz, Mi, Fr, Sa, 8.00–12.00 Uhr
Voitsberg, Grazer Vorstadtgasse, Kammer für Land- u. Forstwirtschaft, freitags
Ligist, Marktplatz, Fr 14.00–17.00 Uhr

BEZIRK WEIZ

Gleisdorf, um die Kirche, Mi 14.00–16.00 Uhr, Sa 7.00–12.00 Uhr
St. Ruprecht, Zentrum, Sa 7.30–11.00 Uhr
Weiz, Hauptplatz, Mi/Sa 7.00–12.00 Uhr
St. Margarethen, neben Baumarkt Reisenhofer, Sa 8.00–11.00 Uhr
Passail, Hauptplatz, 14-tägig, Sa 8.30–10.30 Uhr
Birkfeld, EKZ Lassl, 14-tägig, Fr 8.30–10.30 Uhr, Winter Fr 14.00–15.30 Uhr, Sommer Fr 16.00–18.00 Uhr
Ratten, Zentrum, jeder 1. Sa im Monat 9.00–11.00 Uhr

Angaben mit Vorbehalt! Siehe Internet und Lokalpresse!

„Auspatzln“ mit Freundinnen im Spätherbst

WEITERE DIREKTVERMARKTER VON KERNÖL

Aloisia und Josef **ADELMANN**
Präbach 6, **8063 Eggersdorf**
Telefon: 03117/2820
Produkte: Kernöl, Obst, Äpfel, Zwetschken, Weichsel, Kirschen, sämtl. Beerenobst, Apfelsaft, Tomaten, Vogerlsalat, Käferbohnen

Margarethe und Walter **AUER**
Hirtenfeldbergstraße 19, **8062 Kumberg**
Telefon: 03132/2923
Produkte: Kernöl, Äpfel, Schnäpse, Holzofenbrot und Brotspezialitäten, Dinkel, Dinkelmehl und Dinkelflocken, Marmeladen, Forellen, Geschenkskörbe

Anna **BAUMGARTNER**
Dirnbach 41, **8345 Straden**

Kurt **BINDER**
Eckgraben 105, **8311 Markt Hartmannsdorf**

Irmgard und Johann **BLODER**
Nestelbach 12, **8262 Ilz**
Telefon: 03385/7164
Produkte: Kernöl, Brot, Milch, Milchprodukte, Apfelsaft

Herta **BRODTRAGER**
Labuch 56, **8200 Gleisdorf**

Franz **DAUM**
Nestelberg 41, **8452 Großklein**
Telefon: 03456/2663
Produkte: Kernöl, Kartoffeln, Kräutertee-Mischungen

Roswitha und Josef **DEGEN**
Mitterstraße 1, **8071 Hausmannstätten**
Produkte: Kernöl, Selchfleisch, Selchwürstl, Verhackert, Bratwürstel, Frischfleisch, Erdbeeren, Erdäpfel

Franz **DEUTSCHMANN**
Oberberglastraße 10, **8523 Frauental**

Franz und Helene **DOBNIK**
Untergreith 28, **8544 Pölfling-Brunn**

Erna und Anton **DONNERER**
Präbach 22, **8063 Eggersdorf**
Telefon: 03117/2321
Produkte: Kernöl, Apfelmost, Apfelsaft, Äpfel, Erdbeeren, Kirschen, Weichseln, Pfirsich, Zwetschken, Birnen, Fische

Buschenschank **ERTL**
Rassach 27, **8510 Rassach**
Telefon: 03463/4825
Produkte: Kernöl, Schilcher, Most, Säfte

Marietta und Erwin **FERL**
Hofstraße 30, **8071 Vasoldsberg**
Telefon: 0316/491226
Produkte: Kernöl, hausgemachte Nudeln, Eier, Erdbeeren, Holz, Geschenkskörbe

Martha **FERSTL**
Mühlenstraße 3, **8074 Raaba**
Telefon: 0316/401137
Produkte: Kernöl, Selchwaren, Blut-, Brein- und Selchwürstel, Aufstriche

Stefanie und Otto **FISCHER**
Landorf 34, **8092 Mettersdorf**

Anna und Willi **FLECK**
Neustift 28, **8272 Sebersdorf**
Telefon: 03333/2125

Produkte: Kernöl, Kürbiskerne, Äpfel, Dinkel (geschält), Gerste (geschält), Hafer (geschält), Roggen

Franz **FREISSMUTH**
Neudau 19, **8292 Neudau**
Telefon: 03383/2239
Produkte: Kernöl, Kürbiskerne, Kartoffeln, Eier, Dinkel, Roggen, Weizen, Mehl, Rollgerste, Gemüse nach Saison

Andreas **FRIEDMANN**
St. Peter Hauptstraße 126, **8042 Graz**
Telefon: 0316/475325
Produkte: Kernöl, Kürbis, Fisolen, Karotten, Erdäpfel, Spinat, Weiß- und Blaukraut, Sauerkraut, Kohl, Kopfsalat, Vogerlsalat, Salatgurken, Zucchini, Paradeiser, Melanzani, Sellerie, Schnittlauch, Rote Rüben, Zwiebel, Broccoli, Karfiol

Erika **FRÜHWIRT**
Oberrettenbach 30, **8212 Pischelsdorf**

Anna und Josef **GANGL**
Karbach 1, **8345 Straden**
Telefon: 03473/7333
Produkte: Kernöl, Knabberkerne, Dinkel, Weizen, Roggen, Käferbohnen, Kartoffeln, Speisemais, Apfelsaft, Eier, Getreideprodukte (Mehle, Grieß)

Christine **GANGL**
Dr. Griedlweg 8, **8301 Laßnitzhöhe**
Telefon: 0316/492352
Produkte: Kernöl, Edelbrände, Erdbeerwein, Äpfel, Birnen, Säfte

Rupert **GANGL**
Neustift 90, **8355 Tieschen**

Siegfried **GEHTER**
Dirnbach 33, **8345 Straden**

Josef **GNASER**
Gottlieb-Koteg-Gasse 28, **8301 Laßnitzhöhe**
Telefon: 0316/491346
Produkte: Kernöl, Spinat, Weißkraut, Blaukraut, Endiviensalat, Paradeiser, Erbsen, Karotten, Porree, Bohnen

Wilfried **GOMBOCZ**
Laafeld 76, **8490 Bad Radkersburg**

Willibald **GRAIN**
Gossendorf 41, **8330 Feldbach**

Erich **GSELLMANN**
Hauptstraße 60, **8071 Hausmannstätten**
Telefon: 0316/4019094
Produkte: Kernöl, Käferbohnen, Endiviensalat, Erbsen, Karotten, Kartoffeln, Zwiebel, Spinat, Buschbohnen

Annelies und Johann **HAAS**
Poßnitzweg 5, **8510 Stainz**
Telefon: 03463/6284
Produkte: Kernöl, Himbeeren, Himbeernektar, Marmeladen, Edelbrände

August **HAMMER**
Liebenauer Hauptstraße 234, **8041 Graz**
Telefon: 0316/401169
Produkte: Kernöl, Geselchtes, Brat-, Selch- und Breinwürstel, Aufstriche, Freilandeier, Apfelsaft

Josef und Maria **HANDLER**
Wagerberg 109, **8271 Bad Waltersdorf**

Heinz **HATZL**
Triester Straße 136, **8073 Feldkirchen**

Maria und Karl **HEIDINGER**
Kleinfrannach 18, **8082 Kirchbach**

Anton **HIRTL**
Gosdorf 20, **8482 Gosdorf**

Maria **HOFER**
Karleiten 49, **8422 St. Nikolai/Draßling**

Gabriele **HOFMEISTER**
Kohlberg 42, **8341 Paldau**

Dagmar und Alois **HÖGLER**
Grafendorf 11, **8510 Stainz**

Otto **HORWATH**
Neusetz 59, **8355 Tieschen**

Franz und Anna **IBER**
Stögersdorf 29, **8562 Mooskirchen**

Marianne und Erich **JAUK**
Rohrbach 82, **8151 Hitzendorf**
Telefon: 03123/2671
Produkte: Kernöl, Selchwaren, Aufstriche, Bauernbrot und Weißbrot, Apfelsaft, Most

Cäcilia **KAGER**
Oberberg 23, **8151 Hitzendorf**
Telefon: 0316/553894
Produkte: Kernöl, Weißkraut, Gurken, Paradeiser, Erbsen, Erdäpfel, Bohnen Rettich, Süßmost, Zwetschken, Kirschen

Obstbau **KAHR/RUHHÜTL**
Rassach 124, **8510 Rassach**
Telefon: 03463/3580
Fax: 03463/3580
Produkte: Kernöl, Käferbohnen, Honig, Propolis, Äpfel, Apfelsaft, Liköre, Schnäpse, Most, Essig, Speisekürbis

Obstbau Johann **KAHR**
Herbersdorf 46, **8510 Herbersdorf**
Telefon: 03463/2836, Fax: 03463/2836
Produkte: Kernöl, Äpfel

Johann **KAINZ**
St. Joseferstraße 11, **8503 St. Josef**
Telefon: 03136/81473
Produkte: Kernöl, Dinkel, Hafer, Weizen, Roggen, Dinkelbrot, Milchprodukte

Monika und Andreas **KAPPEL**
Wuschan 16, **8504 Preding**
Telefon: 03185/2404
Produkte: Kernöl, Frischmilch, Weizen, Roggen, Dinkel, Vollkornbrot, Bauernbrot

Josef **KAUFMANN**
Tagensdorf 17, **8083 St. Stefan**

Elisabeth **KEFER**
Dorfstraße 1, **8071 Hausmannstätten**
Telefon: 03135/47888
Produkte: Kernöl, Frischfleisch, Selchfleisch, Bauernbrot, Geschenkkörbe

Viktor **KICKMAYER**
Zerlach 4, **8082 Kirchbach**
Telefon: 03116/2429
Produkte: Kernöl, Spezialitäten vom Schwein (frisch sowie verarbeitet), Rindfleisch, Freilandhendl, Schaffleisch, Brot, Getreide, Obst, Konfitüren, Säfte, Gemüse

Johann **KLEINDL**
Liebenauer Hauptstraße 238 a, **8041 Graz**
Telefon: 0316/4010615
Produkte: Kernöl, Salat, Gemüse

Günther und Angelika **KOBALD**
Kroisgrabenweg 4, **8523 Frauental an der Laßnitz**

Karl **KOBER**
Markt Hartmannsdorf 101, **8311 Markt Hartmannsdorf**

Siegfried **KOCH**
Aue 62, **8230 Flattendorf**

Karl **KOCHAUF**
Wetzawinkel 18, **8200 Gleisdorf**

Fam. **KÖCK**
Rassach 54, **8510 Rassach**
Telefon: 03463/2804
Produkte: Kernöl, Knabberkerne, Schilcher, Apfelmost, Apfelsaft, Apfelessig, Edelbrände, Dinkel

Franz **KOHL**
Augustinerweg 6, **8280 Fürstenfeld**
Telefon: 03382/51468
Produkte: Kernöl, Knabberkerne, Apfelsaft, Erdäpfel, Frischmilch (Selbstbedienung von 7 bis 21 Uhr)

Eva **KOLLMANN**
Schwarzau 14, **8421 Wolfsberg**
Telefon: 03184/2469
Produkte: Kernöl, Lammfleisch, Lammfelle, med. geg. Schafwolldecken und Polster, strickfertige Wolle, Lammfellunterbetten

Johann **KONRAD**
Nitscha 10, **8200 Gleisdorf**

Mathias **KONRAD**
Bergstraße 66, **8071 Breitenhilm**
Telefon: 03135/47026
Produkte: Kernöl, Erdäpfel verschiedene Sorten, verschiedenes Gemüse

Josef **KRAMMER**
Albersdorf 1, **8200 Gleisdorf**

Josef **KRANZELBINDER**
Diepersdorf 50, **8482 Gosdorf**

Anton **KRENN**
Höf 35, **8063 Eggersdorf**
Telefon: 03117/2112
Produkte: Kernöl, Hendl, Pute, Obst

Johann **KRENN**
Stuhlsdorf 21, **8063 Eggersdorf**
Telefon: 03117/2246
Produkte: Kernöl, Eier, hausgemachte Nudeln, Milch, Topfen, Jughurt, Marmeladen, Selchwaren, Geflügel, Gestecke, Most, Aufstriche

Michael **KRENN**
Römerstraße 58, **8063 Eggersdorf**
Telefon: 03117/2103
Produkte: Kernöl, Äpfel, Birnen, Pfirsich, Zwetschken, Kirschen, Erdbeeren, Weichseln, Apfelsaft

Christof **KRISPEL**
Großeggstraße 244, **8311 Markt Hartmannsdorf**

Peter und Ingrid **KURZMANN**
Murbergstraße 39a, **8072 Fernitz**
Telefon: 03135/52967
Produkte: Kernöl, Dinkelvollkorn, bäuerl. Mehlspeisen, Selchfleisch

Sonja **LACKNER**
Södingberg 11, **8561 Söding**
Telefon: 03137/27334
Produkte: Kernöl, Marmeladen, Edelbrände, Most, Apfelsaft, Honig, Tee, Äpfel, Geschenkskörbe (Hofladen)

Werner **LACKNER**
Hofbauerweg 11, **8141 Unterpremstätten**
Telefon: 03136/52363

Produkte: Kernöl, Sulz, Selchwürstl, Schinken, Karree, Bratwurst, Grammelschmalz, Verhackert

Maria **LANG**
Leitersdorf 65, **8271 Bad Waltersdorf**

LEBENSHILFE Radkersburg
Laafeld 66, **8490 Bad Radkersburg**
Telefon: 03476/2029
Produkte: Kernöl, Knabberkerne, Apfelsaft, Gemüse, Getreide, Öle, Trockenfrüchte, Gewürze, Säfte, Ziegenkäse, veg. Aufstriche, Tee u.v.m.

Maria **LECKER**
St. Peter Straße 73, **8071 Berndorf/Hausmannstätten**
Telefon: 03135/464665

Sophie **LEOPOLD**
Petersbergenstraße 182, **8042 Graz**
Telefon: 0316/425786
Produkte: Kernöl, Erdäpfel, Bohnen, Vogerlsalat, Freilandeier, saisonales Gemüse, diverses Obst

Fam. **LERNPASS**
Rassach 29, **8510 Rassach**
Telefon: 03463/2465, Fax: 03463/2465
Produkte: Kernöl, Knabberkerne, Bauerngeselchtes, Wurstwaren, naturgefütterte Puten und Masthendeln, Frischfleisch vom Schwein auf Bestellung, Äpfel, Pfirsiche, Säfte, Apfelmost, Schnäpse

Andreas **LEX**
Lamberg-Panoramaweg 43, **8042 Graz**
Telefon: 0316/40170
Produkte: Kernöl, Geselchtes, Kirschen, Äpfel, Birnen, Zwetschken, Erdäpfel, Zwiebel, Paradeiser

Josef **LIENHART**
Höflach 6, **8350 Fehring**

Josef und Maria **LINDNER**
Trössing 49, **8342 Gnas**

Franz und Anna **LIPP**
Pitschgauegg 20, **8544 Pölfling-Brunn**

Karl und Anneliese **LUEGER**
Unterlungitz 9, **8230 Hartberg**

Gerhard **LUTTENBERGER**
St. Peter Straße 79, **8071 Hausmannstätten**
Telefon: 03135/464805
Produkte: Kernöl, Freilandeier, Käferbohnen, Vogerlsalat, Erdäpfel, Rettich, Karotten, Sellerie

Daniel **MATZER**
Wolfgruben 5, **8181 St. Ruprecht/Raab**

Johann **MAUTNER**
Gamling 13, **8200 Gleisdorf**

Anna und Helmut **MODER**
Dillach 6, **8072 Fernitz**
Telefon: 03135/82306
Produkte: Kernöl, Frischfleisch, Wurstwaren, Leberaufstrich, Grammelschmalz, Verhackert

Christa **MOIK**
Höf 59, **8063 Eggersdorf**
Telefon: 03117/2753
Produkte: Kernöl, Kaninchen, Äpfel, Pfirsich, Zwetschken, Kirschen, Weichseln, Pfirsich- und Weichselnektar, Apfelsaft, Schweinefleisch, Brat-, Selch- und Breinwürste, Grammelschmalz, Verhackert, Schinken

Krennmühle – Fam. **MUSTER**
Schloßberg 60, **8463 Leutschach**
Telefon: 03454/318
Produkte: Kernöl, verschiedene landwirtschaftliche Produkte wie Äpfel, Käferbohnen, Mehl

Fam. **NEBEL**
Rassach 17, **8510 Rassach**
Telefon: 03463/4407
Produkte: Kernöl, Apfelsaft, Eier, Säfte, Marmelade, Nudeln, Liköre, Schnäpse, Obst und Beeren

OTMAR NEUBAUER
Jahrbach 17, **8091 Jagerberg**

WALTER NEUWIRTH
Brodersdorf 21, **8200 Gleisdorf**

Franz und Theresia **NIEDERL**
Breitenbach 55, **8082 Kirchbach**

Mathilde-Maria **NIESS**
Röcking 191, **8323 St. Marein**
Telefon: 03119/2726
Produkte: Kernöl, Edelbrände, div. Säfte, Marmeladen, Pfirsiche, Weichseln, Zwetschken, Himbeeren

Berta und Alois **OSWALD**
Hof 50, **8345 Straden**

Manfred **PAILER**
Winzendorf 45, **8225 Pöllau**

Peter und Waltraud **PAMMER**
Höf 300, **8063 Eggersdorf**
Telefon: 03117/2188, Fax: 03117/2188
Mobiltelefon: 0663/030657
Produkte: Kernöl, verschiedene Speisekürbisse, Kartoffeln, Käferbohnen, Him-, Brom-, Heidel- und Erdbeeren, rote und schwarze Ribisel, zuckerarme Marmeladen, Fruchtsaftsirup, Freilandeier, Knabberkerne

Josef **PAPST**
Kleegraben 1, **8262 Ilz**

Ingrid **PARCZ**
Hauptstraße 294, **8401 Kalsdorf**
Telefon: 03135/53967
Produkte: Kernöl, Dinkelprodukte

Johanna und Franz **PEIER**
Holzberg 11, **8151 Hitzendorf**
Telefon: 03137/3139
Produkte: Kernöl, Bauernbrot, Schinken, Geselchtes, Brat-, Brein- und Selchwürstel, Verhackert, Leberknödel, Lungenstrudel, Milchstriezel, Vollkornbrot

Peter und Waltraud **PFEIFFER**
Steinbergstraße 79, **8302 Nestelbach**

Peter und Maria **PICHLER**
Fading 1, **8143 Dobl**
Telefon: 03136/52290
Produkte: Kernöl, Milch (Hofladen)

Franz **PINTER**
St. Nikolai 23, **8505 St. Nikolai i. Sausal**
Telefon: 03185/8144

Franz **PIRCHER**
Goritz 3, **8490 Bad Radkersburg**
Telefon: 03476/2082
Produkte: Kernöl, Knabberkerne, Kartoffeln, Zwiebel, Heu

Rudolf **PIRSTINGER**
Nestelberg 2, **8262 Ilz**
Telefon: 03118/2615, Mobiltelefon: 0663/033798
Produkte: Kernöl, Obst, Säfte, Freilandeier

Josef **POCK**
Kärntnerstraße 552, **8054 Graz**
Telefon: 0316/286261
Produkte: Kernöl, Knabberkerne, Imkereiprodukte, Edelbrände

Johanna und Johann **PÖLZER**
Janischhofweg 104, **8044 Graz**
Telefon: 0316/392863
Produkte: Kernöl, Edelbrände, Obst, Honig, Marmeladen, Fruchtsäfte, Essig, Geschenkskörbe

Franz **PÖLZL**
Waltendorfer Hauptstraße 19, **8010 Graz**
Telefon: 0316/465156
Produkte: Kernöl, Kohl, Spinat, Weißkraut, Vogerlsalat, Zucchini, Paprika, Paradeiser, Melanzani, Fisolen, Karotten, Erdäpfel, Zwiebel, Rettich, Bohnen, Obst (Hofladen)

Josef **POTOCAR**
Fischer v. Erlachweg 3, **8074 Raaba**
Telefon: 0316/403692
Produkte: Kernöl, Käferbohnen, Gemüse, Dinkel

Fam. **PRIMUS**
Rassach 62, **8510 Rassach**
Telefon: 03463/2624

Josefa und Walter **PROMITZER**
Zöbing 59, **8321 St. Margarethen/Raab**
Telefon: 03115/4314
Produkte: Kernöl, Apfelsaft, Schweinefleisch, Selchwaren

Christine und Rupert **PSCHEIDT**
Hart 38, **8063 Eggersdorf**
Telefon: 03117/3330
Produkte: Kernöl, Hendln und Puten im Ganzen oder geteilt, Freilandeier, gefüllte Hühnerroulade, Dinkel, Roggen, Weizen, Bauernbrote und Spezialbrote, Beerenobst, Kirschen, verschiedene Fruchtsäfte und Marmeladen

Fam. **PURKARTHOFER**
Herberstein 49, **8222 St. Johann b. Herberstein**
Telefon: 03113/8809
Produkte: Kernöl, Knabberkerne, Dinkel, Roggen, Rollgerste, Buchweizen, Wachtelbohnen, Käferbohnen, Apfelsaft, Dörrzwetschken, Spargel, Radicchio, Lamm-, Kalb-, Schweinefleisch, Brot

Johanna **PUTZ**
Eisental 32, **8071 Hausmannstätten**

Josef **RAPPOLD**
Obergroßau 45, **8261 Sinabelkirchen**

Franz und Elfriede **RECZEK**
Kasten 3, **8142 Wundschuh**
Telefon: 03135/53810
Fax: 03135/56223
Produkte: Kernöl, Knabberkerne, Kartoffeln (3 Sorten), Wald- und Blütenhonig

Alois **REINPRECHT**
Paurach 31, **8330 Feldbach**

Franz **REISENHOFER**
Großpesendorf 1, **8211 Ilztal**

Alois **RESCH**
Vochera 113, **8524 Bad Gams**
Telefon: 03463/5833
Produkte: Kernöl, Knabberkerne, Styria-beef, Weizen, Roggen, Dinkel, Apfelsaft, Schnäpse, Christbäume

Fam. **RESCH**
Rassach 12, **8510 Rassach**
Telefon: 03463/2901
Produkte: Kernöl, Knabberkerne, Rindfleisch und frisches Gemüse auf Anfrage, Äpfel, Most, Apfelsaft, Schnäpse

Elisabeth **RIDISSER**
Messendorfberg 114, **8042 Graz**
Telefon: 0316/4021594

Rosa **RIEDL**
St. Peter Straße 69, **8071 Hausmannstätten**
Telefon: 03135/464023
Produkte: Kernöl, Spinat, Weißkraut, Vogerlsalat, Paradeiser, Fisolen, Erbsen, Erdäpfel, Sellerie

Maria und Kurt **ROTHSCHEDL**
Tobisegg 18, **8503 St. Josef**
Telefon: 03136/81656
Produkte: Kernöl, Lammfleisch, Schnäpse, Apfelsaft, Most, Essig, Lammfelle

Johann und Maria **RUHS**
Murbergstraße 69, **8072 Fernitz**
Telefon: 03135/533822
Produkte: Kernöl, Selchwaren, Hauswurst, Leberstreichwurst, Schmalz, Verhackert

Erwin und Ingrid **RUSS**
Lamberg 24, **8411 Hengsberg**

Christa **SAUSENG**
Brodingberg 14, **8063 Eggersdorf**

Josef **SCHADLER**
Hirsdorf 23, **8342 Gnas**

Walter **SCHARLER**
Wetzawinkel 25, **8200 Gleisdorf**
Telefon: 03112/2082
Produkte: Kernöl, Kürbiskerne, Vollkornbrot, Gebäck, Gemüse nach Saison, Dinkel, Weizen, Roggen, Hafer, Buchweizen, Sonnenblumenkerne, kalt gepreßtes Sonnenblumenöl, Freilandeier

Franz **SCHIEFER**
Sulz 25, **8321 St. Margarethen a. d. Raab**

Walpurga und Karl **SCHIRNHOFER**
Winzendorf 48, **8230 Hartberg**

Franz **SCHLAGER**
Breitenbach 49, **8082 Kirchbach**

Monika und Peter **SCHLEGL**
Haselsdorf-Hofweg 11, **8144 Tobelbad**
Telefon: 03136/61406
Produkte: Kernöl, Eier, Nudeln, Gemüse nach Saison, Säfte, Selchwaren, Bauernbrot

Brigitte **SCHRAMM**
Trotzerkreuzstraße 23/Prinzental, **8530 Deutschlandsberg**
Telefon: 03462/5474
Produkte: Kernöl, Mangaliza-Schweine (Frischfleisch, Geselchtes, Speck, Schmalz), Lammfleisch, Kitzfleisch, Schaf- und Ziegenmilchprodukte, Fisch, Walnüsse, Walnußöl, Hanf, Hanföl

Gabriela und Josef **SCHREIBER**
Takern II 21, **8321 St. Margarethen/Raab**
Telefon: 03115/2789
Produkte: Kernöl, Kürbiskerne, Weizen, Roggen, Dinkel, Hafer, Vollkornbrot, Äpfel, Birnen, Apfelsaft, Birnensaft, Most, Apfelessig, Schnäpse

Josef Vinzenz **SCHREINER**
Muttendorferstraße 22, **8143 Dobl**
Telefon: 03136/530-415
Produkte: Kernöl, Schweinefleisch frisch und geselcht, Schinken mager, Haus-, Brat- und Breinwürstel, Aufstriche, Eier

Hannes und Brigitte **SCHWAB**
Dorfstraße 16, **8141 Unterpremstätten**
Telefon: 03136/52361
Produkte: Kernöl, Apfelessig, Apfelsaft, Freilandeier

Karl **SEMMLER**
Kleinsteinbach 70, **8283 Blumau**
Telefon: 03383/2945, Fax: 03383/2945
Produkte: Kernöl, Knabberkerne, Apfelsaft, Apfelmost, Edelbrände, Dörrobst

Josef **SINGER**
Tiefenbach 30, **8224 Kaindorf**

Fam. **SOMMER**
Graschuh 109, **8510 Graschuh**
Telefon: 03463/2835
Produkte: Kernöl, Honig, Holunder

Hilde **SOMMER**
Wieselsdorf 9, **8504 Preding**

Josef **SONNLEITNER**
Krumegg 32, **8323 St. Marein**
Telefon: 03133/8440
Produkte: Kernöl, Selchfleischspezialitäten, „Beeren-Schinken“ (Rohschinken), Äpfel, Birnen, Steinobst, Erdbeeren, Apfelsaft

Manfred **SONNLEITNER**
Bärnbach 7, **8311 Markt Hartmannsdorf**

Josef **STESSL**
Loipersdorf 81, **8282 Loipersdorf**

Hugo **STEYSKAL**
Hafnerstraße 42, **8073 Feldkirchen**
Telefon: 03135/52672
Produkte: Kernöl, Freilandeier, Hausnudeln, Dinkelmehle

Franz **STRASSEGGER**
Höf 27, **8063 Eggersdorf**
Telefon: 03117/2165
Produkte: Kernöl, Eier, Edelbrände, Äpfel, Birnen, Pfirsich, Zwetschken, Weintrauben, Erdbeeren, Apfelsaft, Most, Hendl

Ernst **STRASSER**
Gasselberg 43, **8564 Krottendorf**
Telefon: 03143/2633
Produkte: Kernöl, Hokaidokürbis, Äpfel, Apfelsaft, Apfelmost, Apfelessig, Kastanien, Kartoffeln, Edelbrände, Liköre, Zwetschken, Kräuteransätze

Fam. **STROHMAIER**
Rassach 53, **8510 Rassach**
Telefon: 03463/2758, Fax: 03463/2758
Produkte: Kernöl; Hofladen: Schilcherlandspezialitäten, Geschenkkörbe, Bauerngeselchtes, Hauswürstel u.a.

Aurelia und Friedrich **STROHMEIER**
Zehndorf 19, **8521 Wettmannstätten**
Telefon: 03185/2410
Produkte: Kernöl, Knabberkerne, Dinkel, Weizen, Roggen, Kräuterschnaps

Elfriede und Rudolf **SUDY**
Kronnersdorf 40, **8345 Straden**
Telefon: 03473/8287
Produkte: Kernöl, Knabberkerne, Bauernbrot, Dinkel, Roggen, Vollkornbrot, Weizen

Heuriger **SUTTER/HEINZ**
Rassach 35, **8510 Rassach**
Telefon: 03463/2478
Produkte: Kernöl, Schnäpse, Weißwein, Rotwein und Schilcher (Bauernladen)

Hermann und Astrid **TAUSCHMANN**
Kalsdorf 15, **8262 Ilz**
Telefon: 03385/7653, Fax: 03385/7653-24

Maria und Josef **TIEBER**
Liebenauer Hauptstraße 239, **8041 Graz**
Telefon: 0316/407287

Produkte: Kernöl, Spinat, Weiß- und Blaukraut, Kohl, Kopfsalat, Salatgurken, Endiviensalat, Zucchini, Paradeiser, Melanzani, Kürbis, Fisolen, Erdäpfel, Sellerie, Rettich, Rote Rüben, Zwiebel, Knoblauch, Porree, Mangold

Anna und Josef **TROPPER**
Hof 18, **8345 Straden**

Elfriede **TRUMMER**
Aschenbachweg 2, **8071 Hausmannstätten**
Telefon: 03135/47464
Produkte: Kernöl, Selchwaren, Hauswürstel, Äpfel, Erdbeeren, Spinat, Kopfsalat, Vogerlsalat, Paradeiser, Fisolen, Erbsen, Rettich, Bauernbrotspezialitäten

Fam. **TSCHUCHNIGG**
Rassach 34, **8510 Rassach**
Telefon: 03463/2756
Produkte: Kernöl, Edelbrände, Apfelmost, Apfelsaft, Äpfel, Erdbeeren

Roman **UNGER**
Stein 103, **8282 Loipersdorf**

Karl **URSCHLER**
Hainersdorf 104, **8264 Hainersdorf**
Telefon: 03385/282
Produkte: Kernöl, Käferbohnen, Weizen, Dinkel, Hafer geschält, Buchweizen geschält, Grünkern, Popkorn, Kräutertee, Schnäpse, Suppenwürze

Johann **VÖTSCH**
Rauchegg 16, **8562 Mooskirchen**

Maria und Stefan **WAGNER**
Brodersdorf 34, **8200 Gleisdorf**

Obstbau **WALLNER**
Graschuh 24, **8510 Graschuh**
Telefon: 03463/4659, Fax: 03463/4659
Produkte: Kernöl, Äpfel, Apfelsaft, Marmelade

Christa **WANZ**
Höf 59, **8063 Eggersdorf**

Otto **WASYLYSZYN**
Unterrohr 12, **8294 Unterrohr**

Rudolf und Ingrid **WEIGL**
Nitscha 25, **8200 Gleisdorf**

Josef **WILHELM**
Lingstätten 2, **8182 Puch**

Anna und Christina **WIMMER**
Brodingberg 53, **8200 Gleisdorf**

Maria **WOLKINGER**
Straden 57, **8345 Straden**

Gottfried **ZACH**
Puntigamerstraße 70, **8041 Graz**
Telefon: 0316/4728084
Produkte: Kernöl, Karree ausgelöst, Selchwaren, Selchwürstel, Grammelschmalz, Milch

Sophie **ZELZER**
Rohrbach 58, **8092 Mettersdorf**

Rosa **ZIRKL**
Edelsgrub 49, **8302 Nestelbach**
Telefon: 03133/8340
Produkte: Kernöl, Rindfleisch, Selchkarree, Schopf, Brat- und Selchwürstel, Preßwurst, Verhackert

Fam. **ZMUGG**
Rassach 23, **8510 Rassach**
Telefon: 03463/5764
Produkte: Kernöl, Apfelsaft

Kürbisfeld bei Langegg

SO FINDE ICH DIE KERNÖLBAUERN UND -MÜHLEN

KERNÖLBAUERN ALPHABETISCH GEORDNET

Die Pläne sind mit einem Orientierungsnetz und am Rand mit Buchstaben und Nummern versehen (Planquadrat).

Namensverzeichnis	Ordnungs-nummer	Karte	Plan-quadrat	Seite
Adler	1	4	C3	33
Andrä	2	3	D2	33
Apfelkürbishof – Ferienhof Pronegg	132	3	D2	73
Arbeiter	3	3	C2	34
Arge Steir. Kürbisbauern	4	4	D4	34
Arnus	5	1	B2	34
Bagola	6	5	D6	34
Baumann	7	4	C4	36
Baumgartner	8	5	D5	36
Berghofer	9	2	B4	36
Berghold-Rössler	10	4	D4	36
Brauchart	11	3	D1	36
Deimel	12	2	B4	37
Deutsch-Maier	13	3	C1	37
Dirnbäck	14	1	B1	38
Dunkl	15	2	B3	38
Edelsbrunner	16	5	D5	38
Ertl	17	2	A3	39
Fabian	18	2	B4	40
Fastl/Scheucher-Fastl	19	4	C3	40
Fischer	20	2	A4	40
Frauwallner	21	5	C5	40
Friedl	22	4	C3	40
Fritz	23	2	B4	40
Fröhlich-Hammer	24	3	C2	40
Fruhmann	25	3	C2	40
Fuchs	26	2	A4	41
Fürnschuß-Mimlich	27	3	D1	41
Gaisch	28	3	D1	41
Genser	29	2	A4	44
Giesauf	30	5	D5	44
Gläser	31	2	A4	44
Glauninger	32	2	B3	44
Glück	33	4	D3	44
Gollien	34	3	D1	45
Gradwohl	35	2	A3	45
Grebenz	36	3	D2	45
Großschädl C.	37	1	B2	45
Großschädl K.	38	4	D3	45
Gruber	39	3	C2	46
Gumpl	40	4	C3	46
Gut Münichhof – Huber	55	1	B1	50
Hackl	41	1	B2	46
Hainzl	42	3	D1	46
Hammer	43	4	C3	46
Haring	44	3	C1-2	46
Hartmann	45	3	D2	48
Hasenburger	46	2	A4	48
Heidenbauer	47	2	B3	48
Hergl	48	4	D4	48
Hermann	49	2	B4	48
Hirschmann	50	5	C5	49
Hirt	51	3	C1	49
Hofer J.	52	5	D5-6	49
Hofer K.	53	2	A3	49
Holl	54	4	D4	50
Huber	55	1	B1	50
Hubmann	56	1	B2	50
Huhs	57	4	D3	50
Hütter	58	5	C6	51
Ilztaler Hofladen – Ertl	17	2	A3	39
Jauk Fam.	59	3	D1	51
Jauk F.	60	3	C1	52
Jauk G.	61	3	C1	52
Kager	62	2	A3	52
Kalcher	63	2	A3	53
Kapun/Obsthof Moser	64	3	D2	53
Kasper	65	1	B1	54
Katter	66	4	D3	54
Kern	67	4	D4	55
Kerngast	68	4	D4	55
Kicker	69	4	D3	55
Kickmaier	70	2	B3	56
Kien	71	2	B3	56
Klampfer	72	3	C1	56
Koch	73	3	D2	56

KERNÖLBAUERN NACH VULGONAMEN GEORDNET

Vulgoname	Ordnungsnummer
Melchart	70
Messner	51
Messner	142
Mooskraut	170
Nebauer	54
Nebelhans	60
Oberlist	139
Obsthof Moser	64
Otter	157
Paulweber	40
Peterhausl	155
Pitschga	172
Ploschg	16
Pommer	36
Pommer	59
Pommer	106
Prommermichl	97
Putschantl-Hof	19
Reinbacher	193
Rennhof	131
Rossmann	103
Scharannerl	194
Scherr	102
Schmied	124
Schneider	14
Schneiderbauer	118
Schneiderjörgl	27
Schneidersimi	114
Schwimmer	43
Siegl	198
Sommer	85
Steffl	28
Stiefingschneider	166
Trattenbauer	143
Tschanka	45
Wagnerpeter	61

KERNÖLBAUERN NACH AUFSTEIGENDEN ORDNUNGSNUMMERN GEORDNET

Ordnungs-nummer	Inhaber	Karte	Plan-quadrat	Seite
1	Adler	4	C3	33
2	Andrä	3	D2	33
3	Arbeiter	3	C2	34
4	Arge Steir. Kürbisbauern	4	D4	34
5	Arnus	1	B2	34
6	Bagola	5	D6	34
7	Baumann	4	C4	36
8	Baumgartner	5	D5	36
9	Berghofer	2	B4	36
10	Berghold-Rössler	4	D4	36
11	Brauchart	3	D1	36
12	Deimel	2	B4	37
13	Deutsch-Maier	3	C1	37
14	Dirnbäck	1	B1	38
15	Dunkl	2	B3	38
16	Edelsbrunner	5	D5	38
17	Ertl	2	A3	39
17	Ilztaler Hofladen – Ertl	2	A3	40
18	Fabian	2	B4	40
19	Fastl/Scheucher-Fastl	4	C3	40
20	Fischer	2	A4	40
21	Frauwallner	5	C5	40
22	Friedl	4	C3	40
23	Fritz	2	B4	40
24	Fröhlich-Hammer	3	C2	40
25	Fruhmann	3	C2	41
26	Fuchs	2	A4	41
27	Fürnschuß-Mimlich	3	D1	41
28	Gaisch	3	D1	44
29	Genser	2	A4	44
30	Giesauf	5	D5	44
31	Gläser	2	A4	44
32	Glauninger	3	B3	44
33	Glück	4	D3	45
34	Gollien	3	D1	45
35	Gradwohl	2	A3	45
36	Grebenz	3	D2	45
37	Großschädl C.	1	B2	45

Ordnungs-nummer	Inhaber	Karte	Plan-quadrat	Seite
38	Großschädl K.	4	D3	45
39	Gruber	3	C2	46
40	Gumpl	4	C3	46
41	Hackl	1	B2	46
42	Hainzl	3	D1	46
43	Hammer	4	C3	46
44	Haring	3	C1-2	46
45	Hartmann	3	D2	48
46	Hasenburger	2	A4	48
47	Heidenbauer	2	B3	48
48	Hergl	4	D4	48
49	Hermann	2	B4	48
50	Hirschmann	5	C5	49
51	Hirt	3	C1	49
52	Hofer J.	5	D5-6	49
53	Hofer K.	2	A3	49
54	Holl	4	D4	50
55	Gut Münichhof – Huber	1	B1	50
56	Hubmann	1	B2	50
57	Huhs	4	D3	50
58	Hütter	5	C6	51
59	Jauk Fam.	3	D1	51
60	Jauk F.	3	C1	52
61	Jauk G.	3	C1	52
62	Kager	2	A3	52
63	Kalcher	2	A3	53
64	Kapun	3	D2	53
65	Kasper	1	B1	54
66	Katter	4	D3	54
67	Kern	4	D4	55
68	Kerngast	4	D4	55
69	Kicker	4	D3	55
70	Kickmaier	2	B3	56
71	Kien	2	B3	56
72	Klampfer	3	C1	56
73	Koch	3	D2	56
74	Kohl	2	B4	57
75	Kolar	3	D2	57
76	Kölbl Fam.	3	C2	58
77	Kölbl W.	1	B2	58
78	Koller Johann	2	B4	58
79	Koller Johann und Th.	2	B4	58
80	König	3	C2	58
81	Konrad	1	B2	59
82	Koslowski	2	B4	59
83	Kowald	1	B2	59
84	Krenn	2	B3	59
85	Kumpusch	3	C1	60
86	Kürbisch	3	D1	60
87	Kurz	1	B2	61
88	Lafer	2	B3	61
89	Langreiter	3	C1	61
90	Leber	5	C5	61
91	Lederhaas	4	D4	61
92	Lenz	5	C5	61
93	Liebmann	4	D3	61
94	Liendl	2	B4	62
95	Lienhart A.	3	C2	62
96	Lienhart G.	3	C2	62
97	Lipp	3	C1	62
98	Luttenberger	4	D4	63
99	Maier	5	D6	65
100	Maitz	5	C6	65
101	Majczan	5	D6	65
102	Mandl	3	C1	65
103	Markowitsch	5	D6	66
104	Mittendrein	2	B4	66
105	Monschein	4	C4	66
106	Mörth	3	D2	66
107	Mossier	3	C2	66
108	Nebel	3	C2	67
109	Neubauer F.	2	B4	67
110	Neubauer W.	4	C3	67
111	Neuherz	2	B4	67
112	Neuhold	1	B2	67
113	Neumeister	5	C5	67
114	Nöger	3	C1	69
115	Ornig	5	D5	69
116	Ottenbacher	4	D4	69
117	Pack	2	A4	69
118	Patscher	3	C1	69
119	Patz	4	C4	70

Ordnungs-nummer	Inhaber	Karte	Plan-quadrat	Seite
120	Pechtigam	4	C4	70
121	Pein	4	D4	71
122	Pendl	2	B3	71
123	Pferschi	2	B3	71
124	Pfiffer	4	C3	71
125	Ploder	4	C4	71
126	Pölzl	5	D5	72
127	Posch	1	B2	72
128	Pracher	3	C1	72
129	Praßl	2	B4	72
130	Preininger	2	A3	72
131	Probst	4	D3	73
132	Apfelkürbishof – Ferienhof Pronegg	3	D2	73
133	Pronegg H.	3	D2	74
134	Pronegg K.	3	D2	74
135	Prutsch	4	D4	76
136	Pucher	2	B3	76
137	Radkersburger Gold	5	D5	76
138	Raggam F.	4	C4	76
139	Raggam J.	4	D4	76
140	Rauer	2	B4	76
141	Reinstrom	1	B2	77
142	Reisenhofer	1	B2	77
143	Reissner	1	B2	77
144	Renner	3	D2	78
145	Resch A.	3	D2	78
146	Resch F.	3	C1	78
147	Resch T.	3	D2	79
148	Robier	4	C3	79
149	Rosenauer	5	D5	80
150	Rosenberger	2	A3	80
151	Rössler	4	D4	80
152	Sauer	3	D2	82
153	Schantl	4	D4	82
154	Scharler	2	A3	82
155	Scherübl Fam.	3	C2	82
156	Scherübl G.	3	C2	82
157	Scheucher/Schantl	4	D3	82
158	Schillinger	5	C5	83
159	Schlögl	2	A4	83
160	Schmid	3	D1	83
161	Schmidt	1	B2	83
162	Schmuck	3	C1	83
163	Schweinzer	2	B4	84
164	Seiner	3	C1	84
165	Semlitsch	5	C6	84
166	Siener	4	C3	84
167	Sitzwohl	2	B4	84
168	Stelzl	3	D1	85
169	Stiendl-Bergmoar	3	C2	85
170	Stock	2	B3	85
171	Stoißer	4	C3	86
172	Strablegg	3	D2	86
173	Stubenrauch C.	1	B2	87
174	Stubenrauch M.	1	B2	87
175	Stuhlhofer	2	A4	87
176	Summer	5	D5	88
177	Süss	3	D2	88
178	Teichtmeister	4	D3	88
179	Tischler	3	C2	89
180	Treichler-Fassolter	1	B1	89
181	Trettan	5	D5	89
182	Trummer	2	B4	90
183	Tscherner	5	D5	90
184	Viereck	5	D6	90
185	Wagist	4	C4	90
186	Wagner	2	B3	90
187	Wallner	3	C2	92
188	Walter	4	C4	92
189	Weber	5	D6	92
190	Weinhappel	1	B2	92
191	Wels	2	A4	92
192	Welser	4	D4	92
193	Wieser	3	C1	92
194	Wind-Resch	3	C1	93
195	Wolf	1	B2	93
196	Zeck	3	D2	93
197	Zirngast	3	C2	94
198	Zitz-Siegl	3	D2	94
199	Zöbl	3	C2	94

KERNÖLBAUERN NACH ORTEN GEORDNET

Ort	Inhaber	Ordnungs-nummer
Allerheiligen b. Wildon	Hubmann	56
	Kowald	83
Bad Gams	Deutsch-Maier	13
Bad Radkersburg	Bagola	6
	Maier	99
	Majczan	101
	Markowitsch	103
	Viereck	184
Bad Waltersdorf	Fuchs	26
Blumau	Genser	29
	Rauer	140
Deutsch Goritz	Pölzl	126
Deutschlandsberg	Jauk F.	60
	Schmuck	162
Dobl	Kurz	87
	Weinhappel	190
Edelsbach b. Feldbach	Lafer	88
Eichberg-Trautenburg	Resch A.	145
	Sauer	152
Fehring	Berghofer	9
	Koller Johann	78
Feldbach	Kohl	74
	Praßl	129
	Schweinzer	163
Fernitz	Hackl	41
	Reisenhofer	142
Floing	Rosenberger	150
Fürstenfeld	Fabian	18
	Koslowski	82
	Mittendrein	104
	Trummer	182
Gamlitz	Glück	33
	Probst	131
Gleinstätten	Koch	73
	Kürbisch	86
	Schmid	160
Gleisdorf	Pendl	122
	Scharler	154
Gosdorf	Berghold-Rössler	10
	Lederhaas	91
	Ornig	115
	Radkersburger Gold	137
	Summer	176
	Trettan	181
	Tscherner	183
Groß St. Florian	Jauk G.	61
	Klampfer	72
	Mandl	102
	Pracher	128
	Wieser	193
	Wind-Resch	194
Großklein	Andrä	2
	Grebenz	36
	Kolar	75
	Mörth	106
	Resch T.	147
	Strablegg	172
	Süss	177
	Zitz-Siegl	198
Großpesendorf	Ertl	17
	Gradwohl	35
	Ilztaler Hofladen – Ertl	17
	Preininger	130
Großsteinbach	Hasenburger	46
Halbenrain	Hofer J.	52
Hartberg	Fischer	20
	Gläser	31
	Pack	117
	Schlögl	159
Hartmannsdorf	Heidenbauer	47
Hatzendorf	Hermann	49
Hausmannstätten	Neuhold	112
Heiligenkreuz am Waasen	Krenn	84
	Posch	127
	Stock	170
	Arnus	5
	Kickmaier	70
Heimschuh	Tischler	179
Hengsberg	König	80
	Lienhart A.	95
	Lienhart G.	96

Ort	Inhaber	Ordnungs-nummer
Hengsberg	Scherübl G.	156
Hollenegg	Resch F.	146
Jagerberg	Wagist	185
Jennersdorf	Neubauer F.	109
Kaindorf	Stuhlhofer	175
Kalsdorf bei Graz	Großschädl C.	37
	Konrad	81
	Reinstrom	141
	Wolf	195
	Stubenrauch M.	174
Kirchbach	Pferschi	123
	Pucher	136
Kirchberg a. d. Raab	Kien	71
	Wagner	186
	Glauninger	32
Klöch	Semlitsch	165
	Weber	189
Krottendorf	Kasper	65
Labuttendorf	Scheucher/Schantl	157
Lebring	Fruhmann	25
	Nebel	108
Leibnitz	Robier	148
Leitring	Kicker	69
Leutschach	Apfelkürbishof – Ferienhof Pronegg	132
	Hartmann	45
	Kapun/Obsthof Moser	64
	Pronegg Fam.	132
	Pronegg K.	134
	Renner	144
Lieboch	Treichler-Fassolter	180
Loedersdorf	Fritz	23
	Liendl	94
Mettersdorf	Pechtigam	120
	Raggam F.	138
Mooskirchen	Dirnbäck	14
Mureck	Arge Steir. Kürbisbauern	4
	Ottenbacher	116
	Pein	121
Oberhaag	Stelzl	168
Obervogau	Teichtmeister	178
Ottendorf	Deimel	12
	Koller J. u. Th.a	79
Pischelsdorf	Hofer K.	53
	Kalcher	63
Pölfing-Brunn	Jauk Fam.	59
Pöllau b. Hartberg	Wels	191
Preding	Kölbl Fam.	76
	Seiner	164
Riegersburg	Sitzwohl	167
Sinabelkirchen	Dunkl	15
St. Anna a. Aigen	Hütter	58
	Maitz	100
St. Georgen a. d. Stiefing	Friedl	22
	Neubauer W.	110
	Gumpl	40
	Fastl/Scheucher	19
	Pfiffer	124
	Siener	166
St. Johann i. S.	Pronegg H.	133
	Zeck	196
St. Margarethen/Lebring	Stoißer	171
St. Nikolai i. Sausal	Scherübl Fam.	155
	Stiendl-Bergmoar	169
St. Peter a. O.	Leber	90
	Patz	119
	Ploder	125
St. Peter im Sulmtal	Fürnschuß-Mimlich	27
	Gaisch	28
	Gollien	34
	Lipp	97
	Patscher	118
	Hainzl	42
	Brauchart	11
St. Stefan i. R.	Walter	188
St. Veit am Vogau	Kerngast	68
	Luttenberger	98
	Großschädl K.	38
	Katter	66
	Welser	192
Stainz	Hirt	51
	Kumpusch	85

Bezirk	Ordnungs-nummer	Inhaber
Stainz	Langreiter	89
	Nöger	114
Stallhofen	Gut Münichhof/Huber	55
Straden	Frauwallner	21
	Hirschmann	50
	Lenz	92
	Neumeister	113
	Rosenauer	149
	Schillinger	158
Straß	Liebmann	93
Tillmitsch	Fröhlich-Hammer	24
	Gruber	39
	Mossier	107
Unterlamm	Neuherz	111
Unterpremstätten	Schmidt	161
Unterpurkla	Baumgartner	8
	Edelsbrunner	16
	Giesauf	30
Vasoldsberg	Reissner	143
Vogau	Huhs	57
Wagna	Hammer	43
Weinburg	Hergl	48
	Holl	54
	Kern	67
	Prutsch	135
	Raggam J.	139
Weitersfeld a. d. Mur	Rössler	151
	Schantl	153
Weiz	Kager	62
Wettmannstätten	Haring	44
Wildon	Adler	1
	Arbeiter	3
	Wallner	187
	Zirngast	197
	Zöbl	199
Wolfsberg im Schwarzautal	Monschein	105
	Baumann	7
Wundschuh	Kölbl W.	77
	Stubenrauch C.	173

KERNÖLBAUERN NACH BEZIRKEN GEORDNET

Bezirk	Ordnungs-nummer	Inhaber
Deutschlandsberg	11	Brauchart
	13	Deutsch-Maier
	27	Fürnschuß-Mimlich
	28	Gaisch
	34	Gollien
	42	Hainzl
	44	Haring
	51	Hirt
	59	Jauk Fam.
	60	Jauk F.
	61	Jauk G.
	72	Klampfer
	76	Kölbl Fam.
	85	Kumpusch
	89	Langreiter
	97	Lipp
	102	Mandl
	114	Nöger
	118	Patscher
	128	Pracher
	146	Resch F.
	162	Schmuck
	164	Seiner
	193	Wieser
	194	Wind-Resch
Feldbach	5	Arnus
	9	Berghofer
	23	Fritz
	32	Glauninger
	49	Hermann
	58	Hütter
	70	Kickmaier
	71	Kien
	74	Kohl
	78	Koller Johann
	84	Krenn
	88	Lafer
	94	Liendl

Bezirk	Ordnungs-nummer	Inhaber
Feldbach	100	Maitz
	111	Neuherz
	123	Pferschi
	129	Praßl
	136	Pucher
	163	Schweinzer
	167	Sitzwohl
	185	Wagist
	186	Wagner
	188	Walter
Fürstenfeld	12	Deimel
	15	Dunkl
	18	Fabian
	29	Genser
	46	Hasenburger
	79	Koller J. u. Th.
	82	Koslowski
	104	Mittendrein
	109	Neubauer F.
	140	Rauer
	182	Trummer
Graz-Umgebung	37	Großschädl C.
	41	Hackl
	55	Gut Münichhof – Huber
	77	Kölbl W.
	81	Konrad
	87	Kurz
	112	Neuhold
	141	Reinstrom
	143	Reissner
	161	Schmidt
	173	Stubenrauch C.
	174	Stubenrauch M.
	180	Treichler-Fassolter
	190	Weinhappel
	195	Wolf
Hartberg	20	Fischer
	26	Fuchs
	31	Gläser
	117	Pack
	159	Schlögl
Hartberg	175	Stuhlhofer
	191	Wels
Leibnitz	1	Adler
	2	Andrä
	3	Arbeiter
	7	Baumann
	19	Fastl/Scheucher-Fastl
	22	Friedl
	24	Fröhlich-Hammer
	25	Fruhmann
	33	Glück
	36	Grebenz
	38	Großschädl K.
	39	Gruber
	40	Gumpl
	43	Hammer
	45	Hartmann
	56	Hubmann
	57	Huhs
	64	Kapun/Obsthof Moser
	66	Katter
	68	Kerngast
	69	Kicker
	73	Koch
	75	Kolar
	80	König
	83	Kowald
	86	Kürbisch
	93	Liebmann
	95	Lienhart A.
	96	Lienhart G.
	98	Luttenberger
	105	Monschein
	106	Mörth
	107	Mossier
	108	Nebel
	110	Neubauer W.
	124	Pfiffer
	127	Posch
	131	Probst
	132	Apfelkürbishof – Ferienhof Pronegg
	133	Pronegg H.

Bezirk	Ordnungs-nummer	Inhaber
Leibnitz	134	Pronegg K.
	142	Reisenhofer
	144	Renner
	145	Resch A.
	147	Resch T.
	148	Robier
	152	Sauer
	155	Scherübl Fam.
	156	Scherübl G.
	157	Scheucher/Schantl
	160	Schmid
	166	Siener
	168	Stelzl
	169	Stiendl-Bergmoar
	170	Stock
	171	Stoißer
	172	Strablegg
	177	Süss
	178	Teichtmeister
	179	Tischler
	187	Wallner
	192	Welser
	196	Zeck
	197	Zirngast
	198	Zitz-Siegl
	199	Zöbl
Radkersburg	4	Arge Steir. Kürbisbauern
	6	Bagola
	8	Baumgartner
	10	Berghold-Rössler
	16	Edelsbrunner
	21	Frauwallner
	30	Giesauf
	48	Hergl
	50	Hirschmann
	52	Hofer J.
	54	Holl
	67	Kern
	90	Leber
Radkersburg	91	Lederhaas
	92	Lenz
	99	Maier
	101	Majczan
	103	Markowitsch
	113	Neumeister
	115	Ornig
	116	Ottenbacher
	119	Patz
	120	Pechtigam
	121	Pein
	125	Ploder
	126	Pölzl
	135	Prutsch
	137	Radkersburger Gold
	138	Raggam F.
	139	Raggam J.
	149	Rosenauer
	151	Rössler
	153	Schantl
	158	Schillinger
	165	Semlitsch
	176	Summer
	181	Trettan
	183	Tscherner
	184	Viereck
	189	Weber
Voitsberg	14	Dirnbäck
	65	Kasper
Weiz	17	Ertl – Ilztaler Hofladen
	35	Gradwohl
	47	Heidenbauer
	53	Hofer K.
	62	Kager
	63	Kalcher
	122	Pendl
	130	Preininger
	150	Rosenberger
	154	Scharler

ÖLMÜHLEN UND ÖLPRESSEN ALPHABETISCH GEORDNET

Übersichtskarte von Österreich

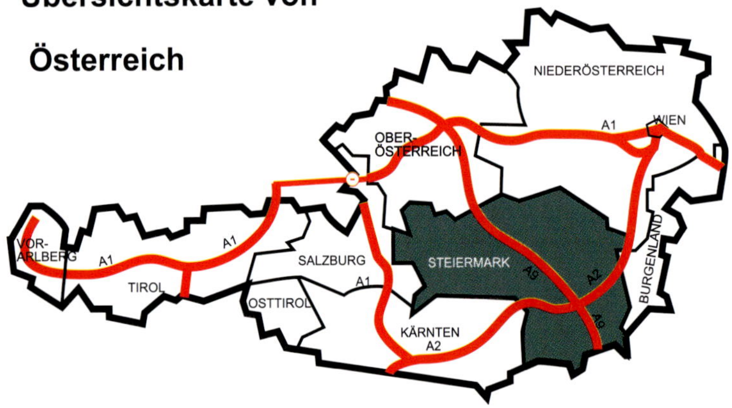

Legende

- 65 Kernölbauer mit Nummer
- M Ölmühle
- Autobahn
- Bundesstraße
- Landesstraße
- Nebenstraße
- Eisenbahn
- Fluß
- Landesgrenze
- Staatsgrenze
- Ortsgebiet

Karte 1

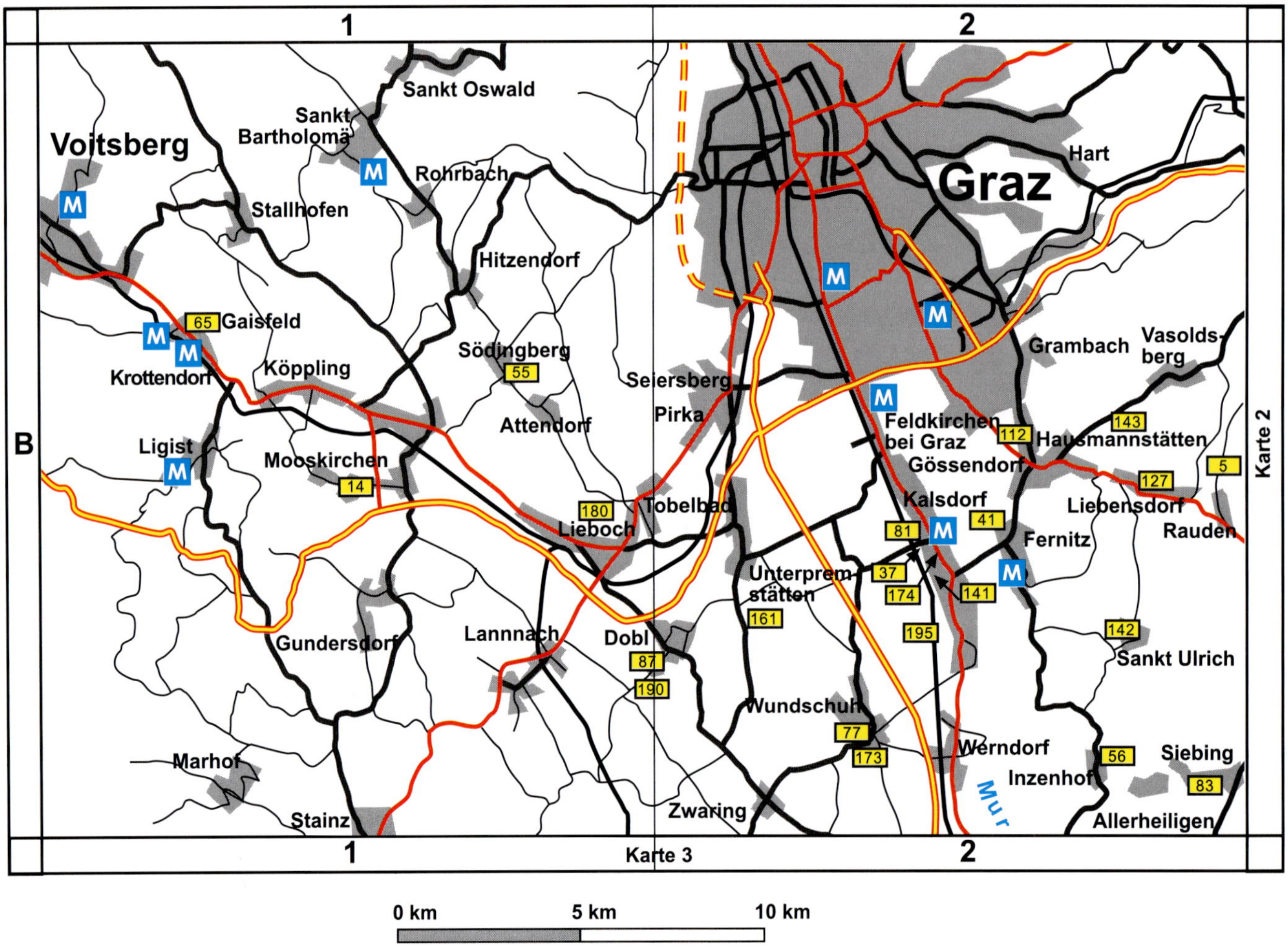

Karte 2

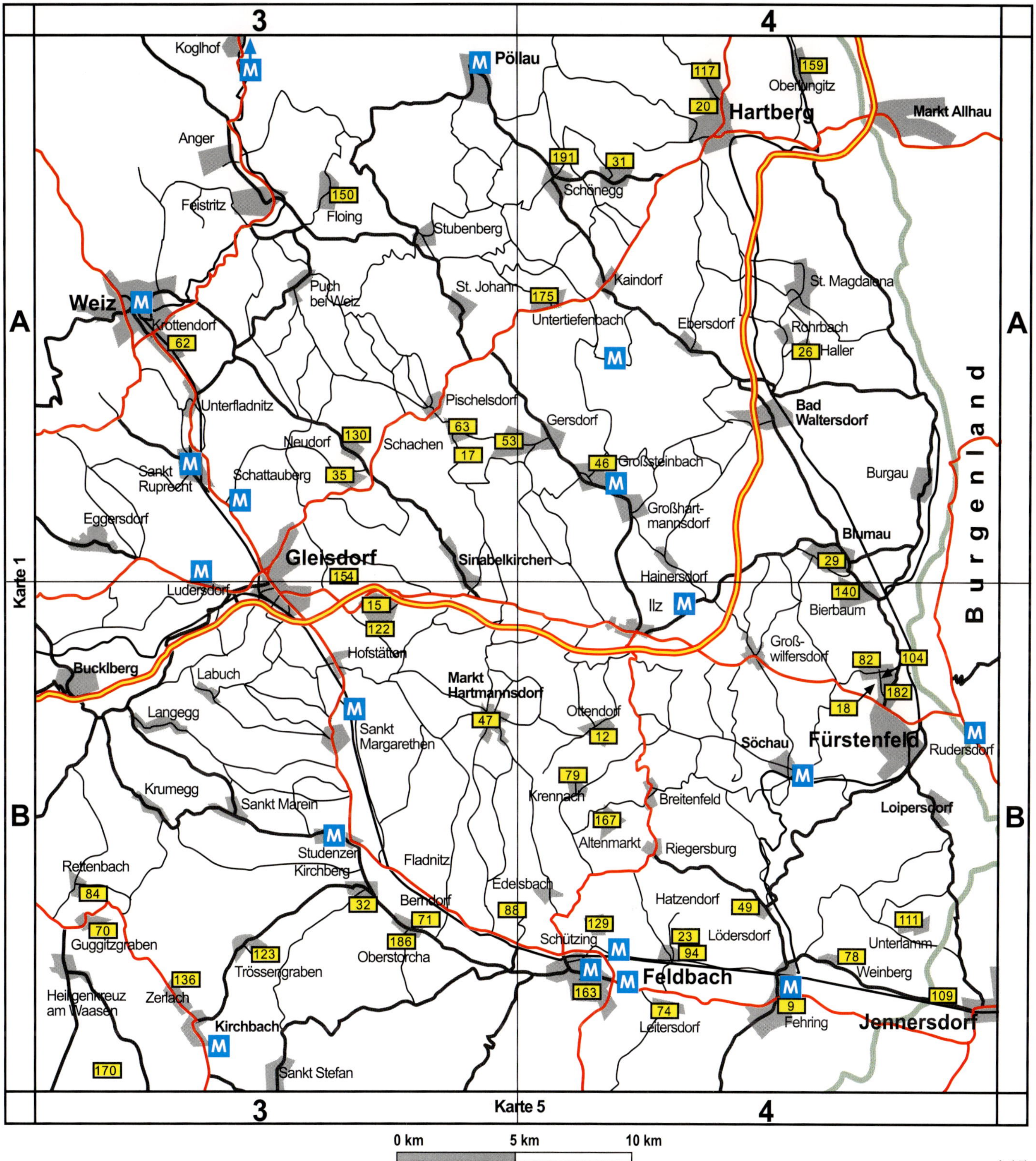
3
4
A
B
Karte 1
Karte 5
Burgenland
Koglhof
Pöllau
117
159
Oberlungitz
20
Hartberg
Markt Allhau
Anger
191
31
Schönegg
150
Floing
Feistritz
Stubenberg
Kaindorf
St. Johann
175
Untertiefenbach
St. Magdalena
Puch bei Weiz
Weiz
Krottendorf
62
Ebersdorf
Rohrbach
26
Haller
Unterfladnitz
Pischelsdorf
Gersdorf
Bad Waltersdorf
130
Neudorf
Schachen
63
17
53
46
Großsteinbach
Sankt Ruprecht
Schattauberg
35
Burgau
Eggersdorf
Großhart-mannsdorf
Blumau
Gleisdorf
Sinabelkirchen
29
154
Hainersdorf
Ludersdorf
140
15
Ilz
Bierbaum
122
Hofstätten
Groß-wilfersdorf
82
104
Bucklberg
Labuch
Markt Hartmannsdorf
182
18
Langegg
Sankt Margarethen
47
Ottendorf
12
Söchau
Fürstenfeld
Rudersdorf
79
Krumegg
Krennach
Breitenfeld
Sankt Marein
167
Loipersdorf
Studenzen
Altenmarkt
Riegersburg
Kirchberg
Fladnitz
Rettenbach
Edelsbach
84
32
Berndorf
Hatzendorf
49
111
70
71
88
129
Guggitzgraben
186
Schützing
23
Lödersdorf
Unterlamm
Oberstorcha
94
123
78
Trössengraben
Weinberg
136
Feldbach
Heiligenkreuz am Waasen
Zerlach
163
109
9
74
Kirchbach
Fehring
Jennersdorf
Leitersdorf
170
Sankt Stefan
0 km
5 km
10 km

Karte 3

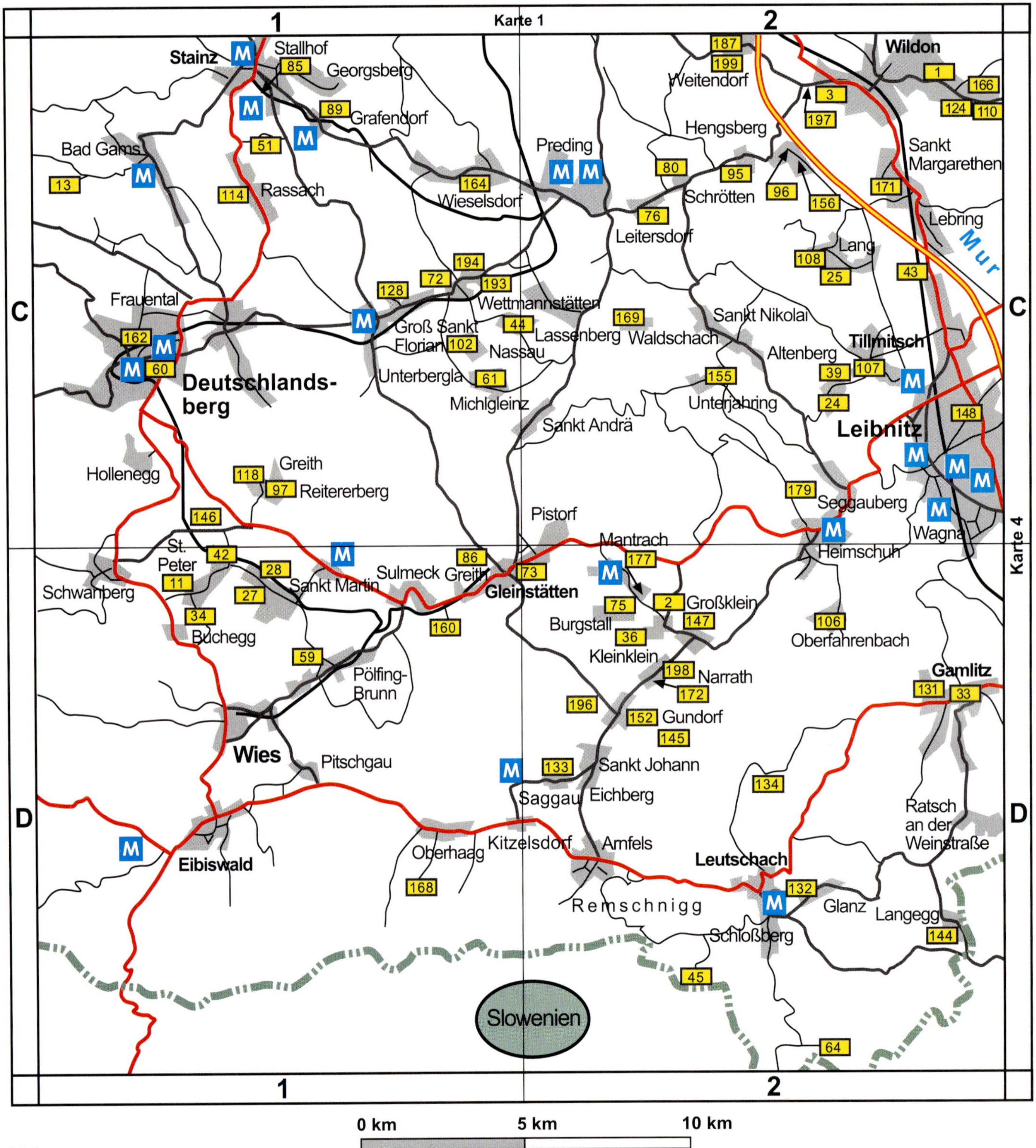
Karte 1
Karte 4
Stainz
Stallhof
Georgsberg
Grafendorf
Bad Gams
Rassach
Preding
Wieselsdorf
Weitendorf
Hengsberg
Schrötten
Leitersdorf
Wildon
Sankt Margarethen
Lebring
Mur
Lang
Frauental
Wettmannstätten
Groß Sankt Florian
Nassau
Lassenberg
Waldschach
Sankt Nikolai
Altenberg
Tillmitsch
Deutschlandsberg
Unterbergla
Michlgleinz
Sankt Andrä
Unterjahring
Leibnitz
Hollenegg
Greith
Reitererberg
Pistorf
Seggauberg
Wagna
Heimschuh
St. Peter
Schwanberg
Sankt Martin
Sulmeck Greith
Gleinstätten
Mantrach
Großklein
Burgstall
Kleinklein
Oberfahrenbach
Buchegg
Pölfing-Brunn
Narrath
Gamlitz
Gundorf
Wies
Pitschgau
Sankt Johann
Saggau
Eichberg
Ratsch an der Weinstraße
Eibiswald
Oberhaag
Kitzelsdorf
Arnfels
Leutschach
Remschnigg
Glanz
Langegg
Schloßberg
Slowenien
0 km
5 km
10 km

Karte 4

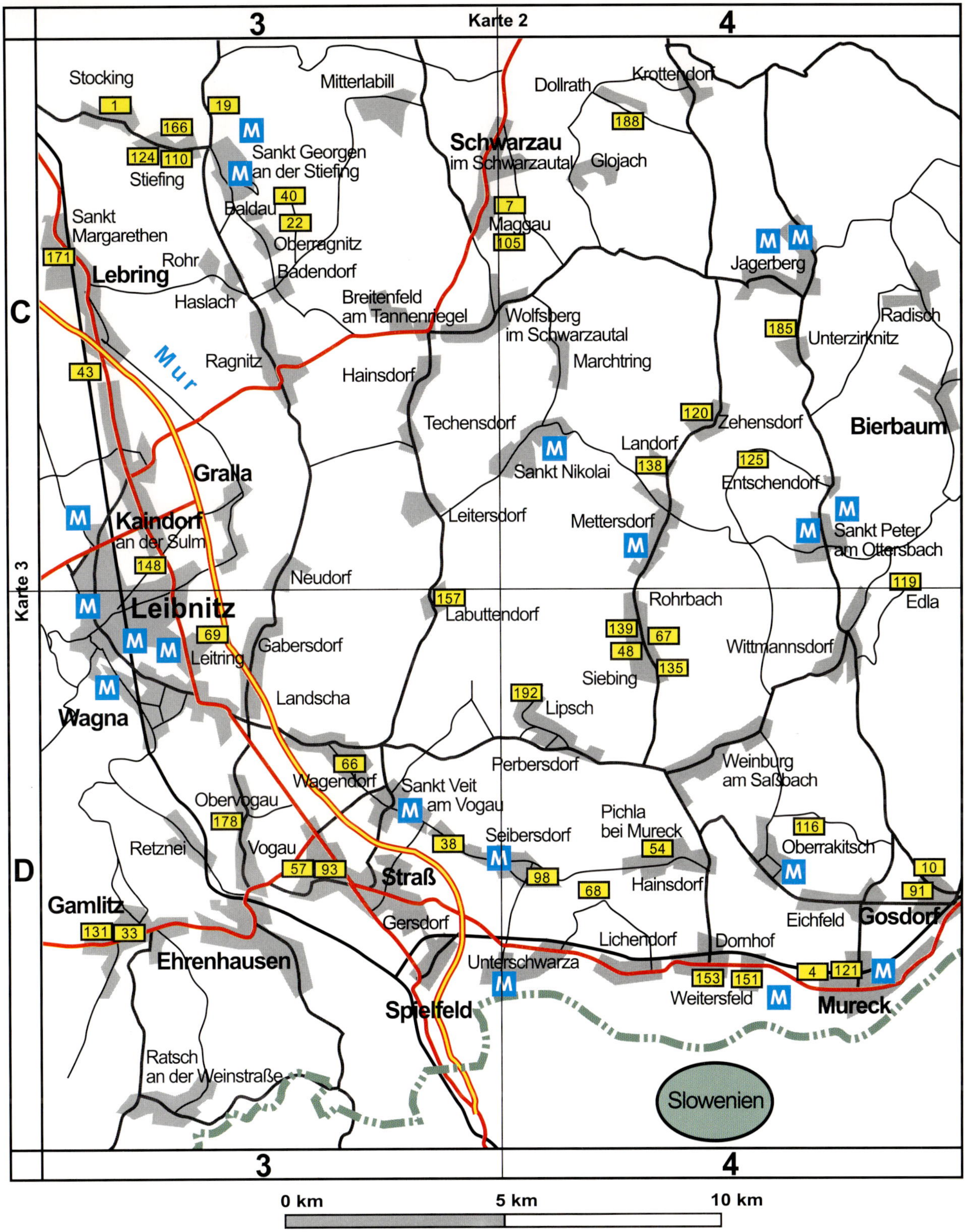
Karte 2
3
4
C
D
Karte 3
Stocking
Mitterlabill
Dollrath
Krottendorf
Schwarzau
im Schwarzautal
Glojach
Sankt Georgen
an der Stiefing
Stiefing
Baldau
Sankt
Margarethen
Oberragnitz
Maggau
Rohr
Lebring
Badendorf
Jagerberg
Haslach
Breitenfeld
am Tannenriegel
Wolfsberg
im Schwarzautal
Radisch
Unterzirknitz
Mur
Ragnitz
Marchtring
Hainsdorf
Techensdorf
Zehensdorf
Bierbaum
Landorf
Gralla
Sankt Nikolai
Entschendorf
Kaindorf
an der Sulm
Leitersdorf
Mettersdorf
Sankt Peter
am Ottersbach
Neudorf
Leibnitz
Labuttendorf
Rohrbach
Edla
Gabersdorf
Leitring
Wittmannsdorf
Siebing
Landscha
Wagna
Lipsch
Perbersdorf
Weinburg
am Saßbach
Wagendorf
Sankt Veit
am Vogau
Obervogau
Pichla
bei Mureck
Seibersdorf
Retznei
Vogau
Oberrakitsch
Straß
Hainsdorf
Gamlitz
Gersdorf
Eichfeld
Gosdorf
Lichendorf
Dornhof
Ehrenhausen
Unterschwarza
Weitersfeld
Mureck
Spielfeld
Ratsch
an der Weinstraße
Slowenien
0 km
5 km
10 km

Karte 5

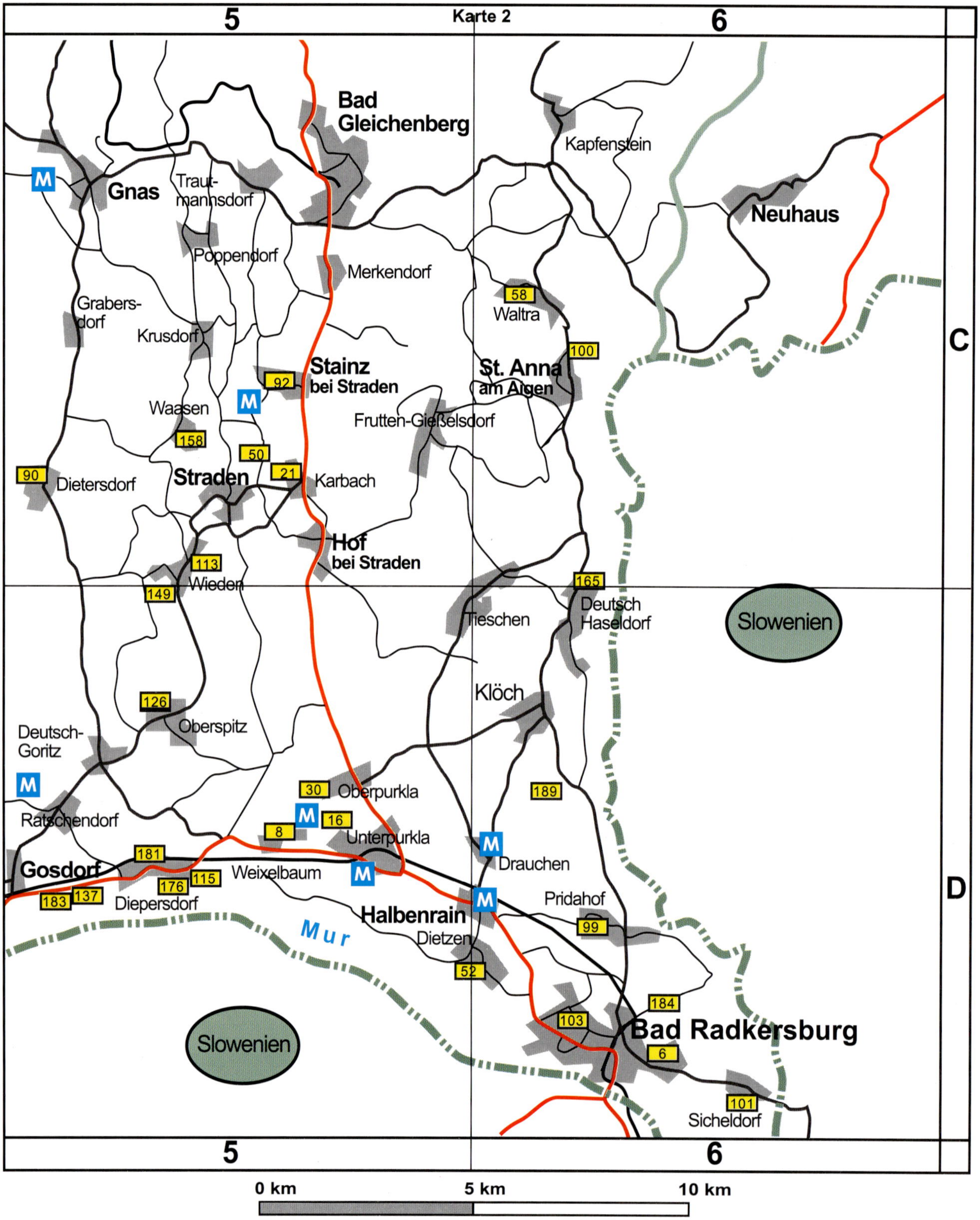

5
Karte 2
6
Bad Gleichenberg
Gnas
Traut-mannsdorf
Kapfenstein
Neuhaus
Poppendorf
Merkendorf
Grabers-dorf
Krusdorf
58
Waltra
100
C
Stainz bei Straden
92
St. Anna am Aigen
Waasen
Frutten-Gießelsdorf
158
50
90
Dietersdorf
Straden
21
Karbach
Hof bei Straden
113
149
Wieden
165
Tieschen
Deutsch Haseldorf
Slowenien
Klöch
126
Oberspitz
Deutsch-Goritz
30
Oberpurkla
189
Ratschendorf
16
8
Unterpurkla
Drauchen
181
Gosdorf
176
115
Weixelbaum
183
137
Diepersdorf
Halbenrain
Pridahof
D
Mur
Dietzen
99
52
184
103
Bad Radkersburg
6
Slowenien
101
Sicheldorf
5
6
0 km
5 km
10 km

Heidelore Strallhofer-Hödl

DIE MUTTER DER WEINSTRASSE

Weinbau, Menschen, Buschenschenken in der Südsteiermark

2. Auflage

Zweite erweiterte Auflage
200 Seiten, durchgehend vierfarbig,
200 Farbabbildungen,
große Übersichtskarten mit Suchraster,
viele Detailkarten, Register
starker, kartonierter,
cellophanierter Umschlag
Format 22 x 24 cm, fadengebunden

ISBN 3-901284-17-6

ÖS 298,–/DM 39,90/SFR 38,–

Wollen Sie Ihre spezielle Buschenschank in der Südsteiermark finden? In diesem Buch können Sie anhand von Karten, Daten und einer persönlich recherchierten Beschreibung den für Sie am geeignetsten Buschenschank wählen. Ob Individualtourist, in verliebter Zweisamkeit oder in Gruppen – für jeden ist etwas dabei. Der eine sucht den Trubel, der andere die Ruhe – hier erhalten Sie übersichtliche und reichliche Informationen über Wein und Essen, Landschaft und persönliche Betreuung – über Weingüter mit Ab-Hof-Verkauf, über Kultur, Eigensinn und Eigenart einer unverwechselbaren Kulturlandschaft und über seine Menschen – und Sie werden staunen: Wein ist in diesem Gebiet oft Frauensache.

Heidelore Strallhofer-Hödl

DER WEINKÖNIG VON HERRNBERG

Weinbau, Menschen, Buschenschenken in der Südoststeiermark

176 Seiten, durchgehend vierfarbig,
142 Farbabbildungen,
4 große Übersichtskarten mit Suchraster,
starker, kartonierter,
cellophanierter Umschlag
Format 22 x 24 cm, fadengebunden

ISBN 3-901284-01-X

ÖS 288,–/DM 39,50/SFR 37,–

Wollen Sie Ihre spezielle Buschenschank in der Südoststeiermark finden? In diesem Buch werden 379 Buschenschenken und viele Mostschenken genau beschrieben. Fünf übersichtliche, vierfarbige Karten mit den vier Weinstraßen und den fünf Weinbaubezirken Feldbach, Fürstenfeld, Hartberg, Radkersburg und Weiz ermöglichen Ihnen zusammen mit übersichtlichen Registern das Auffinden der Buschenschenken.
Informative Beiträge über die unverwechselbare Kulturlandschaft, über Eigensinn und Eigenart der Menschen, die dort leben, über Geschichtliches und Weinbaukundliches runden dieses durchgehend vierfarbig bebilderte Werk ab.

Heidelore Strallhofer-Hödl

HÖLLERHANSLS SCHILCHERPARADIES

Weinbau, Menschen, Buschenschenken in der Weststeiermark, Graz und Graz/Umgebung

176 Seiten, durchgehend vierfarbig,
138 Farbabbildungen,
große Übersichtskarten mit Suchraster,
starker, kartonierter,
cellophanierter Umschlag
Format 22 x 24 cm, fadengebunden

ISBN 3-901284-03-6

ÖS 298,–/DM 39,90/SFR 38,–

Wollen Sie Ihre spezielle Buschenschank in der Weststeiermark, in Graz oder in Graz-Umgebung finden? In diesem Buch werden nahezu alle Buschenschenken und Mostbuschenschenken beschrieben mit Öffnungszeiten, Wein-, Most-, Schnaps- und Jausenangeboten, genauer Adresse, Telefonnummer und vielem mehr.
Vierfarbige Karten ermöglichen Ihnen, zusammen mit übersichtlichen Registern und klarer Rastereinteilung, das leichte Auffinden der Buschenschenken. Informative Beiträge über die unverwechselbare Kulturlandschaft, über Geschichtliches und Weinbaukundliches runden dieses durchgehend vierfarbig bebilderte Buch ab.

Heidelore Strallhofer-Hödl

WEINRITTER UND GIBANZEN

Weinbau, Menschen, Buschenschenken in Nordostslovenien

176 Seiten, durchgehend vierfarbig,
100 Farbabbildungen, 50 SW-Abbildungen,
starker, kartonierter,
cellophanierter Umschlag
Format 22 x 24 cm, fadengebunden

ISBN 3-901284-05-2

ÖS 198,–/DM 27,20/SFR 25,–

Dieses Buch gibt Ihnen über das nordöstliche Anbaugebiet (Maribor, Slovenske Gorice, Radgona-Kapela, Prekmurje, Haloze mit Randgebirge, Ljutomer-Ormoz) präzise Informationen. Genau dargestellt werden Buschenschenken, Weingüter und Bauerntourismus. Mehr als 150 Betriebe werden genau beschrieben; übersichtliche Landkarten und Wegbeschreibungen, reichliche Information über Öffnungszeiten, Angebot an Speisen und Getränken, Übernachtungsmöglichkeiten etc.
Wesentlich sind auch viele genaue vierfarbige Karten mit guten Suchrastern, ausführlichen Registern und Hinweisen, damit Sie leicht hinfinden.

Kernölg

Zutaten: 4 Eier, 100 g Wasser,
100 g Staubzucker, 150 g Kri
Backpulver, Kürbiskerne nach Be

Zubereitung: Form einfetten, mi
Kürbiskernen auslegen. Eidotter,
und Kernöl schaumig rühren, Eik
schlagen, Dottermasse mit einem
glattrühren, dann den restlichen
1 Stunde backen. Den Gugelhupf